# High-End
### '고득점'으로 '마무리'한다
# 민사기록형

변호사 **박 지 훈** 편저

# PREFACE

'High-End 민사기록형' **변호사시험 및 모의시험에서 기출된 청구취지, 청구원인, 요건사실 및 미출제, 최신판례에서 중요한 부분을 일목요연하게 정리하여 민사기록형 시험을 체계적으로 대비하실 수 있도록 집필**하였습니다.

그 특징과 교재 활용방법은 아래와 같습니다.

## I. 청구취지 및 요건사실론 (1~3편)

1. 해당 부분은 **기본형 청구취지부터 심화형 청구취지까지 변시에 출제된 모든 유형의 청구취지를 일목요연하게 정리하여 청구취지 연습을 가장 체계적**으로 하실 수 있습니다.
2. **청구원인 및 요건사실론 파트에서는 중요 소송물에 대한 기재례부터 시험에 출제되는 양식까지 한꺼번에 정리**해드려 민사기록형 시험을 입체적으로 대비하실 수 있도록 정리하였습니다.
3. **시험에서 빈출되는 항변/재항변 부분 또한 중요 법리/판례와 함께 정리**해드려, 청구취지와 요건사실을 학습하면서 실체법 지식 또한 복습하실 수 있도록 정리하였습니다.

## II. 청구취지 및 사례연습 (4편)

1. **민사기록형 시험에서 가장 중요한 부분은 청구취지를 정확하게 현출하는 것**입니다. 청구취지의 정확한 현출을 연습하기 위해서는 '기록형 서류에 나타난 사실관계 중에서 법률적 쟁점이 되는 부분을 정확하게 메모'하고, 이후에는 해당 사실관계를 전제로 바로 청구취지를 작성하는 연습이 되어야 합니다. 이러한 취지에서 **변호사시험 및 모의시험 중요 기출 및 미출제, 최신판례 쟁점의 사실관계를 제시하여, '청구취지 및 청구원인'을 바로 현출할 수 있도록 교재를 구성**하였습니다. 해당 청구취지는 대여금청구, 임대차, 대위소송과 같이 매번 출제되는 쟁점들과 변시에서 헷갈리는 또는 난이도가 매우 높은 유형의 청구취지까지 모든 난이도, 유형의 청구취지를 포함하고 있어, **해당 파트를 반복해서 연습해주시는 것만으로도 청구취지를 정확하게 현출하는데 많은 도움**이 될 것입니다.
2. **중요 요건사실의 경우에는 '기재례' 또한 한꺼번에 정리**하였습니다. 특히, 변제충당, 상계충당과 같이 기재례가 매우 정형화되어 있는 쟁점들의 경우에는 반드시 요구되는 기재례대로 정확하게 현출하시는 것이 수험에 매우 유리하므로, **중요 요건사실을 기재례 또한 정리하여 가장 효율적으로 시험을 대비하실 수 있도록** 정리하였습니다.

**민사기록형 시험에서 정답과 청구취지를 맞추는 것이 매우 중요하지만, 기록형 시험에서 청구 자체를 누락하지 않고 끝까지 완주하는 것이 가장 중요합니다.** 기록형 시험에서 후반부 파트에는 단편적인, 다른 청구들과 독립된 사실관계로 제시되는 청구들이 제시되는 경우가 많고, 쟁점들도 쉬운 경우가 많으니, 기록 초반부에 배치된 청구에 시간을 너무 많이 할애하시기보다는 **시간/분량 조절을 잘 하여 끝까지 완주하시고 정답률이 어느 정도 이상 따라준다면 민사기록형 시험에서 충분히 원하시는 점수를 받으실 수 있습니다.**

본서를 출간할 수 있는 기회를 주신 필통북스 출판사에 대단한 감사의 말씀을 드리며, 본서로 인하여 여러분들께서 고득점 할 수 있도록 간절한 마음을 담아 기원합니다.

교재에 관한 문의 등은 'highend8730@gmail.com'으로 메일주시면 성심성의껏 답변드리겠습니다.

2025. 9. 26.

박 지 훈

# CONTENTS

High-End 민사기록형

## 제1편 소장 작성 방법 … 1

## 제2편 청구 유형별 청구취지 … 5
- 제1장 금전지급청구 … 7
- 제2장 인도·철거·퇴거청구 … 14
- 제3장 등기청구 … 16
- 제4장 채권자대위청구 … 20
- 제5장 채권양도통지 청구 … 21
- 제6장 확인의 소 … 22
- 제7장 확인의 소 … 23

## 제3편 청구유형별 요건사실 및 항변 … 25
- 제1장 소유권에 기한 부동산인도·철거·퇴거청구 … 26
- 제2장 침해부당이득반환청구 … 28
- 제3장 등기청구 … 30
- 제4장 매매계약에 기한 청구 … 35
- 제5장 대여금반환청구 … 37
- 제6장 임대차계약에 기한 청구 … 45
- 제7장 계약의 실효 및 원상회복 … 51
- 제8장 연대채무자·보증인에 대한 청구 … 53
- 제9장 사해행위취소의 소 … 54
- 제10장 전부금·추심금 청구 … 61
- 제11장 어음금·수표금 청구 … 63

## 제4편 청구취지 및 사례연습 … 65
- Ⅰ. 소비대차, 이자, 지연손해금, 소멸시효, 연대보증 등 … 67
- Ⅱ. 등기 … 80
- Ⅲ. 등기 … 93
- Ⅳ. 임대차와 부당이득 … 100
- Ⅴ. 사해행위취소의 소 … 105
- Ⅵ. 확인의 소 … 109
- Ⅶ. 압류 및 추심명령, 전부명령 등 … 111

High-End  
민사기록형

## 제1편
# 소장 작성 방법

## 1. 검토 방법

- ★★★ '상담일지' 및 '사건관계인의 주장' 부분 분석 → '누구'를 상대로(피고) '어떠한 청구'를 할지(소송물), 상대방의 예상되는 반박(항변) 및 이에 대한 반박(재항변) 사유를 미리 예상할 것!
- 초기 변시에서는 상담일지 부분과 관련 첨부서류 내용이 청구(소송물)별로 분류되어 있지 아니하고 섞여 있었으나, 최근 변시에서는 쟁점·소송물별로 분리되어 있어 각 청구 및 항변(재항변) 부분이 정리되어 있어 구조적으로 접근하기 보다 수월함
- '상담내용' 부분을 통하여 '소송물'을 대략적으로 특정하고, '사건관계인의 주장'을 통해서는 '소송물'을 보다 구체화하고, 예상되는 '항변' 및 '재항변'을 정리할 것
  ※ 최근 변시·모의시험에서 항변 사유 중 일부는 최신판례를 대상으로 출제하고 있고, 최신 판례가 정확하게 숙지되지 않은 상태에서는 정답을 정확하게 맞추기 어려움.
  ※ 판례 부분이 정확하게 숙지되지 않은 상태에서는, 피고의 예상되는 항변 중 '인용 범위'에 관한 항변이 아니라 '인용 여부'에 관한 항변일 경우 피고의 항변이 이유 없다는 것을 전제로 답안을 작성하는 것이 유리함
- 기록 검토 및 메모는 대략 1시간 20분 내외로 마무리 할 것

## 2. 실체법상 청구권 경합 유형

(★★★ 피고의 항변 사유가 인정될 경우 경합하는 다른 권원으로 소송물 구성할 것!)

(1) **임대차계약 종료 후** 임차인이 임차부동산을 무단점유·사용하고 있는 경우, 종전 임차인을 상대로 목적물 반환을 구하는 권원
  ① 임대인으로서 임대차종료에 따른 인도청구권(채권적 청구권)
  ② 소유권에 기한 목적물 인도청구권

(2) **임대차종료 후** 임차인이 임차부동산을 무단점유·사용하는 경우
  ① 부당이득반환청구권
  ② 손해배상청구권(불법행위·채무불이행)

(3) **타인소유 부동산** 무단점유·사용 시
  ① 부당이득반환청구권
  ② 불법행위에 기한 손해배상청구권

(4) **적법한 전대차가** 이루어진 후 임대차 종료 시
  ① 인도청구 - 임차인에 대해서는 채권적 청구권, 전차인에 대해서는 물권적 청구권으로 목적물인도청구 가능
  ② 부당이득반환청구 - 임료 상당액의 반환청구에 대해서, 피고들은 원고에 대하여 '부진정연대채무'를 부담하기 때문에 '공동하여 지급하라'는 청구취지를 작성

(5) 토지의 매도인이 무단으로 당해 지상에 건물을 신축하여 타인에게 임대하는 등의 방법으로 매수인의 토지 사용·수익권을 침해하는 경우

① 채무불이행에 기한 손해배상청구권
② 불법행위에 기한 손해배상청구권
③ (만약, 매수인이 매매대금을 완납한 경우) 과실수취권 침에 따른 부당이득반환청구권

(6) 매매목적 토지에 폐기물 매립 시 매수인의 매도인에 대한 권리

① 채무불이행책임(민법 제390조) - 매도인인 채무자에게 귀책이 있을 것 전제
② 하자담보책임(민법 제580조) - 매도인의 선의·무과실 여부와 무관하다. 단, 매도인과 매수인이 모두 상인일 경우 '상사매매'에 해당하여 '상법 제69조 제1항'의 제한이 적용
③ 불법행위책임(민법 제750조) - 고의·과실, 위법성 등 요건 갖출 경우 성립 가능

High-End
민사기록형

## 제2편
# 청구 유형별 청구취지

# 제1장 　 금전지급청구

## Ⅰ. 기본 유형

### 1. 청구 금액이 확정된 경우

#### (1) 기본 유형

> 1. 피고는 원고에게 300,000,000원을 지급하라.

※ 청구취지에는 금액만 표시하고, 금원의 성격은 기재하면 안됨

#### (2) 상환이행청구 유형

> 1. 피고는 원고로부터 별지 목록 기재 **부동산을 인도받음과 동시에** 원고에게 300,000,000원을 지급하라.

### 2. 청구 금액이 현재 확정되지 아니한 경우 – 피고의 침해가 계속·반복되어 장래이행의 부분까지 청구하는 유형

#### (1) 기본 유형 – 인도완료일까지 기준

> 1. 피고는 원고에게 **2025. 3. 1.부터 별지 목록 기재 부동산의 인도완료일까지 월 1,000,000원의 비율로 계산**한 돈을 지급하라.

#### (2) 예외

토지의 '인도 완료일' 이전에 토지의 사용·수익을 종료할 수 있는 경우에는 '목적물의 사용·수익 종료일' 또는 '건물철거완료일'을 종기로 삼아야 한다.[1]

#### (3) 국가·지방자치단체 등이 사유지를 무단점유하여 토지소유권자가 이를 상대로 임료 상당의 손해배상·부당이득을 청구하는 경우

> 1. 피고는 원고에게 2025. 3. 1.부터 별지 목록 기재 토지에 관한 도로폐쇄로 인한 점유 종료일까지 월 1,000,000원의 비율로 계산한 돈을 지급하라.

---

[1] 대법원 2002. 6. 14. 선고 2000다37517 판결

## Ⅱ. 이자 청구 유형

### 1. 기본 유형

> 1. 피고는 원고에게 100,000,000원 **및 이에 대한** 2025. 3. 1.부터 다 갚는 날까지 (이율)로 계산한 돈을 지급하라.

※ 청구취지에는 금원의 성격을 명시하면 안되기 때문에 '및 이에 대한'이라는 용어를 사용하여 앞 부분이 원금, 뒷 부분이 이자임을 명시함.

### 2. 이자(이율) 적용 순서

※ 차용증 등에 나타난 이자율을 먼저 정확하게 체크!
※ 이자 지급시기는 이자의 소멸시효와 관련되고, 변제기는 원금채권의 소멸시효 기산점 및 지연손해금채권의 기산점과 관련되므로, 차용증에서 해당 부분을 반드시 메모한다.

> **제163조(3년의 단기소멸시효)**
> 다음 각호의 채권은 3년간 행사하지 아니하면 소멸시효가 완성한다.
> 1. 이자, 부양료, 급료, 사용료 기타 1년 이내의 기간으로 정한 금전 또는 물건의 지급을 목적으로 한 채권

(1) ★ 약정이자 · 지연이자

| 지연이자에 대한 합의 | 기준 | 적용 지연이자율 |
|---|---|---|
| O | 5% 초과 | ① 관련법령 최고이율 한도 내에서 가능 |
|  | 5% 미만 | ② 다툼이 없거나 증거에 의하여 적극적 인정시 가능 |
| X | 약정이율 5%(상사 6%) 이상 | ③ 약정이율 轉用 |
|  | 약정이율 5%(상사 6%) 미만 | ④ 5% (즉, 최소 5% 보장) |

〈구체적 연습〉

① 약정이자 연 3%, 지연이자 7% 합의 → 지연이자 7%
② 약정이자 연 7%, 지연이자 3% 합의 → 지연이자 3%
③ 약정이자 연 8%, 지연이자 합의 없는 경우 → 지연이자 8%,
④ 약정이자 연 3%, 지연이자 합의 없는 경우 → 지연이자 5%

(2) 법정이자

1) **상법** - 상인이 영업에 관하여 금전대여지 이자약정 없이도 상법 제55조 제1항에 의하여 연 6%의 '상사법정이자' 청구 가능

2) **민법** - (i) 민법 제425조 제2항 및 준용규정(제441조, 제448조 제2항), 부진정연대채무 구상

권에도 유추적용, (ii) 민법 제548조 제2항 이자는 지연손해금이 아닌 법률상 당연히 인정되는 법정이자에 해당, (iii) 민법 제748조 제2항 이자도 동일

## 3. 기간마다 이율이 다른 경우 (이율 異)

### (1) 소촉법 적용

- 이행지체에 빠진 금전채무에 대하여 소제기한 경우에 가산이율 청구 가능
- 소장부본송달일 다음날부터 기산하고(제3조 제1항 본문), 2019. 6. 1.부터는 연 12%의 이율이 적용됨
- 그러나, 채무자가 그 이행의무의 존재 여부나 범위에 관하여 항쟁하는 것이 타당하다고 인정되는 경우에는 기산점 변경됨(제3조 제2항)
- '사실심 판결선고 다음날'부터는 가산금리 적용됨

> 〈청구취지 연습〉
> 甲이 乙에게 '원금 1억 원을 대여일시 2023. 5. 1., 변제기 2024. 4. 30., 약정이율 연 3%'을 조건으로 금전대여해주었으나, 乙이 약정이자를 전혀 지급하지 아니하고, 변제기에 원금 또한 반환하지 아니한 경우의 청구취지
>
> 1. 피고는 원고에게 100,000,000원 및 이에 대한 2023. 5. 1.부터 2024. 4. 30.까지는 연 3%의, 그 다음날부터 이 사건 소장부본 송달일까지는 연 5%의, 이 사건 소장부본 송달일 다음날부터 다 갚는 날까지는 연 12%의 각[2] 비율로 계산한 돈을 지급하라.

### (2) 소촉법 이율이 적용되지 않는 경우

- 사해행위취소로 인한 가액배상의무는 '사해행위의 취소를 명하는 판결이 확정된 때'에 발생하므로 '그 판결이 확정된 다음날'부터 이행지체 책임을 진다. 따라서 소촉법 소정의 이율이 적용되지 않고 '민법 소정의 법정이율'이 적용된다.
- 이혼에 따른 재산분할청구
- 지연손해금 발생의 원인이 된 원본에 관하여 이행판결을 선고하지 않는 경우
- 금전채무 부존재확인소송에서 채무의 존재가 일부 인정되어 확인판결을 선고할 경우

### (3) 계약해제시 금전반환의무자의 반환의무(민법 제548조)

#### 1) 사용이익(이자 및 과실)의 반환

**(i) 금전 반환시**
- 금전은 '그 받은 날부터' 이자 가산한다(제548조 제2항). 지연손해금이 아니라 법정이자에 해당하므로 동시이행관계가 있더라도 발생한다.

---

[2] 기산점마다 이율이 다르기 때문에 '각'이라는 단어를 기재해야 함

- 당사자 사이에 특별한 약정이 있으면 약정이율을 적용하고, 약정이율이 없으면 법정이율을 적용한다.

**(ii) 목적물 반환시**

- 계약체결시부터 목적물을 인도받아 사용해온 대가(=임료상당액)를 반환해야 한다

> **〈청구취지 연습〉**
>
> 甲은 乙에게 본인 소유의 X토지를 '매매대금 5억 원, 계약금 및 중도금 지급일자는 2023. 5. 1. 총 3억 원을 지급하고 소유권이전등기는 잔금 지급 이전에 선이행하기로 하고[3], 잔금지급일자는 2023. 7. 1., 잔금 2억원'을 조건으로 매각하였고, 계약금·중도금 지급일시에 해당 금원 지급과 상환으로 이전등기를 경료하였다. 그런데, 2023. 9. 1.에도 乙이 잔금을 미지급하자 甲은 이를 이유로 계약해제하였고, 乙이 甲에게 소유권말소등기에 필요한 서류 제공 등 자신의 원상회복의무를 이행하지 않은 채 甲을 상대로 지급한 3억 원 및 그에 대한 지연이자 배상까지 청구하고자 한다.
>
> 1. 피고는 원고에게 3억 원 및 이에 대한 2023. 5. 1.부터 다 갚는 날까지 연 5%의 비율로 계산한 돈을 지급하라.

※ 甲과 乙의 원상회복의무는 동시이행관계에 있으나, 乙이 자신의 원상회복의무를 이행하지 아니하였으므로, 甲의 대금반환의무는 이행지체에 빠진 상태가 아니다. 따라서 '지연이자'를 청구할 수 없고, 소촉법상 가산금리 또한 청구할 수 없다. 따라서 부당이득으로서의 법정이자 5%만 청구할 수 있다.

## 4. 수개의 채권의 이행기가 다른 경우 (이행기 異)

> **〈청구취지 연습〉**
>
> 원고가 피고에게 ① 1억 원을, 대여일시 2023. 5. 1., 변제기 1년, 이자 연 15%로 정하여 대여해주었고, 추가로 ② 5,000만 원을 대여일시 2023. 7. 1., 변제기 1년, 이자 연 15%로 정하여 대여해주었는데, 피고가 약정이자 일체 및 변제기에 원금도 전혀 지급하지 아니한 경우, 원고가 피고를 상대로 원금 및 약정이자, 지연손해금을 구하는 경우
>
> 1. 피고는 원고에게 150,000,000원 및 그 중 100,000,000원에 대하여는 2023. 5. 1.부터, 50,000,000원에 대하여는 2023. 7. 1.부터 각 다 갚는 날까지 연 15%의 비율로 계산한 돈을 지급하라.
>
> **〈변형된 사실관계〉**
>
> 위 사안에서 약정이자율을 연 5%로 정한 경우의 청구취지는?

---

[3] ※ 기록형 TIP - 통상 부동산 매매계약에서 소유권이전등기는 잔금지급과 동시에 이루어지므로, 특약사항 등을 상세히 검토한다.

1. 피고는 원고에게 150,000,000원 및 그 중 100,000,000원에 대하여는 2023. 5. 1.부터, 50,000,000원에 대하여는 2023. 7. 1.부터 각 이 사건 소장부본 송달일까지는 연 5%의, 그 다음날부터 다 갚는 날까지는 연 12%의 각 비율로 계산한 돈을 지급하라.

## 5. 상환이행청구

<청구취지 연습>

원고(매도인)가 피고(매수인)에게 별지 목록 기재 부동산을 5억 원에 매도하였고, 계약금 및 중도금 2억 원은 각 약정 일시에 지급받았으나, 잔금 3억 원을 청구하고자 하는 상황으로서, 원고 또한 아직 피고에게 위 부동산에 대한 소유권이전등기절차를 이행하지 아니한 경우

1. 피고는 원고로부터 별지 목록 기재 부동산에 관하여 소유권이전등기절차를 이행받음과 동시에 원고에게 300,000,000원을 지급하라.

<청구취지 연습>

원고(매도인)이 피고(매수인)에게 별지 목록 기재 부동산은 5억 원에 매도하였고, 계약금 및 중도금 2억 원은 각 약정 일시에 지급받았으나, 잔금 3억 원이 남아 있는 상태임. 위 부동산에 제3자 명의의 근저당권등기(채권최고액 2억 원, 서울중앙지방법원 2023. 5. 1. 접수 제1234호)가 있고, 원고가 피고에게 위 저당권등기의 말소를 약속한 경우

1. 피고는 원고로부터 별지 목록 기재 부동산에 관하여 소유권이전등기절차를 이행받음과 동시에 원고에게 300,000,000원을 지급하되, 위 돈 중 200,000,000원은 서울중앙지방법원 2023. 5. 1. 접수 제1234호로 마친 근저당권설정등기의 말소등기절차를 이행받음과 동시에 지급하라.

## Ⅲ. 다수의 당사자에 대한 청구

1. 피고들은 ○○하여 원고에게 100,000,000원을 지급하라.

### 1. 유형별 청구취지

- 연대채무(민법 제413조), 연대보증채무 : '연대하여'
- 불가분채무(민법 제411조), 부진정연대채무, 주채무자·단순보증인 : '공동하여'
- 어음법 제47조·수표법 제42조 수인의 채무자 : '합동하여'

## 2. 구체적 유형

### (1) 수인의 피고의 금전채무 이행기가 각 다른 경우

<청구취지 연습>

원고에게, 피고 甲은 3억 원의 채무를 부담하고 있고, 피고 乙, 丙이 위 채무를 전액 연대보증하였다. 피고 甲, 乙, 丙의 변제기는 각 2023. 5. 1., 2023. 7. 1., 2023. 9. 1.인 경우, 원고가 피고들을 공동피고로 하여 원금 및 연 20%의 약정 지연손해금을 청구하는 경우

1. 피고들은 연대하여 원고에게 300,000,000원 및 이에 대하여 피고 甲은 2023. 5. 2.부터, 피고 乙은 2023. 7. 2.부터, 피고 丙은 2023. 9. 2.부터 각 다 갚는 날까지 연 20%의 비율로 계산한 돈을 지급하라.

### (2) 채무일부에 대해서만 연대채무관계 등이 성립하는 경우

<청구취지 연습>

甲과 乙은 연대채무자로서 원고에게 3억 원의 채무를 부담하고 있고, 丙, 丁, 戊는 각 7,000만 원, 5,000만 원, 5,000만 원씩 일부 연대보증하고 있는 경우

1. 원고에게,
  가. 피고 甲, 乙은 **연대하여** 300,000,000원을,
  나. **위 피고들과 연대하여 위 가.항 기재 돈 중** 피고 丙은 70,000,000원, 피고 丁, 戊는 **각** 50,000,000원을,
  **각** 지급하라.

### (3) 수인의 원고가 청구하는 경우

#### 1) 분할채권

<청구취지 연습>

피고가 원고 甲으로부터는 1억 원, 원고 乙로부터는 3억 원을 개별적으로 차용하면서, 변제기를 2023. 5. 1., 약정이율 연 7%로 약정하였으나, 피고가 원고들에게 채무를 전혀 이행하지 아니하자, 원고 甲, 乙이 공동원고가 되어 피고를 상대로 위 대여금 및 지연손해금을 청구하는 경우

1. 피고는 원고 甲에게 100,000,000원, 원고 乙에게 300,000,000원 및 각 이에 대한 2023. 5. 2.부터 이 사건 소장부본 송달일까지는 연 7%의, 그 다음날부터 다 갚는 날까지는 연 12%의 각 비율로 계산한 돈을 각 지급하라.

2) 불가분채권
① 불가분채무를 발생시키는 계약에 의한 채권자가 그 계약을 위반함으로써 불가분채무자가 갖게 되는 손해배상청구권
② 수인의 임차인의 임대차보증금반환채권

# 제2장 인도·철거·퇴거청구

- 부동산에 관한 청구의 경우 인도·철거·퇴거청구가 병합청구로 출제되는 경우가 많으므로, 반드시 '사건관계인의 주장' 부분을 꼼꼼히 확인하여 누락 방지!
- '별지 목록'의 구체적인 인용방식은 '작성 요령' 부분에서 제시됨

## I. 기본 유형

1. 인도청구 : 피고는 원고에게 별지 목록 기재 토지를 인도하라.
2. 철거청구 : 피고는 원고에게 별지 목록 기재 부동산을 철거하라.
3. 퇴거청구 : 피고는 원고에게 별지 목록 기재 부동산에서 퇴거하라.

## II. 상환이행청구

### 1. 일반 유형

〈청구취지 연습〉

원고(임대인)와 피고(임차인) 사이에 서울 서초구 서초동 990 대 250㎡에 관하여 임대차보증금 5억, 임대차계약기간 2023. 5. 1. ~ 2025. 4. 30.까지 2년, 임차료는 월 300만 원으로 정하여 임대차계약을 체결하였으나, 피고가 임대차계약이 종료하였음에도 여전히 원고의 토지를 무단점유·사용하고 있는 상황에서 원고가 피고를 상대로 부동산의 반환을 청구하는 경우

1. 피고는 원고로부터 500,000,000원에서 2025. 4. 30.부터 서울 서초구 서초동 990 대 250㎡의 인도완료일까지 매월 3,000,000원의 비율로 계산한 금액을 공제한 나머지 돈을 지급받음과 동시에 원고에게 위 대지를 인도하라.

### 2. 장래이행의 소

1. 피고는 2025. 7. 1.이 도래하면 원고로부터 500,000,000원에서 2025. 4. 30.부터 서울 서초구 서초동 990 대 250㎡의 인도완료일까지 매월 3,000,000원의 비율로 계산한 금액을 공제한 나머지 돈을 지급받음과 동시에 원고에게 위 대지를 인도하라.

## Ⅲ. 병합청구

<청구취지 연습>

원고 소유의 서울 서초구 서초동 950 대 500㎡ 지상에 A가 무단으로 건물(철근콘크리트조 슬래브지붕 1층 200㎡)을 신축 후 사망하였고, A의 공동상속인으로 배우자 甲, 아들 乙이 있다. 원고가 甲, 乙을 상대로 건물철거 및 토지인도를 소구하는 경우

1. 원고에게, 피고 甲은 2/3 지분에 관하여, 피고 乙은 1/3 지분에 관하여, 각 서울 서초구 서초동 950 대 500㎡ 지상 철근콘크리트조 슬래브지붕 1층 200㎡를 철거하고, 각 같은 대지를 인도하라.

<청구취지 연습>

원고 소유의 서울 서초구 서초동 950 대 500㎡ 지상에 피고 甲이 무단으로 건물(철근콘크리트조 슬래브지붕 1층 200㎡)을 신축하고, 위 건물을 피고 乙에게 임대차하여 위 건물에 乙이 거주하고 있는 경우, 원고가 피고 甲을 상대로 건물철거·토지인도 및 2020. 5. 1.부터 사용·수익종료일까지의 임료 월 3,000,000원 상당의 부당이득과 피고 乙을 상대로는 건물로부터의 퇴거를 구하는 경우

1. 원고에게,
   가. 피고 乙은 서울 서초구 서초동 950 대 500㎡ 지상 철근콘크리트조 슬래브지붕 1층 200㎡에서 퇴거하고,
   나. 피고 甲은 위 가.항 기재 건물을 철거하고, 위 가.항 기재 대지를 인도하고, 2020. 5. 1.부터 같은 대지 사용·수익종료일까지(=위 건물 철거완료일까지) 월 3,000,000원의 비율로 계산한 돈을 지급하라.

# 제3장 등기청구

## Ⅰ. 소유권이전등기청구

### 1. 기본 유형

> 1. 피고는 원고에게 별지 목록 부동산에 관하여 2025. 5. 1. 매매를 원인으로 한 소유권이전등기절차를 이행하라.

> 매도인이 사망하고 공동상속인으로 배우자 甲, 아들 乙이 있는 경우
>
> 1. 원고에게, 별지 목록 기재 부동산 중
>   가. 피고 甲은 2/3 지분에 관하여,
>   나. 피고 乙은 1/3 지분에 관하여,
>  각 2025. 5. 1. 매매를 원인으로 한 소유권이전등기절차를 이행하라.

### 2. 상환이행청구

> 〈청구취지 연습〉
>
> 원고(매수인)가 2025. 5. 1. 피고(매도인)와 사이에 서울 서초구 서초동 950 대 500㎡에 관하여 매매계약을 체결하고 잔금 3억 원이 미지급된 상태에서 위 매매계약을 원인으로 한 소유권이전등기를 상환이행으로 소구할 경우
>
> 1. 피고는 원고로부터 300,000,000원을 지급받음과 동시에 원고에게 서울 서초구 서초동 950 대 500㎡에 관하여 2025. 5. 1. 매매를 원인으로 한 소유권이전등기절차를 이행하라.

### 3. 선이행조건부

> 1. 피고는 서울 서초구 서초동 950 대 500㎡에 관하여, 원고와 소외 A 사이의 서울중앙지방법원 2025. 7. 1.자 2018카합45 소유권이전등기청구권 가압류결정에 의한 집행이 해제되면, 원고에게 2025. 5. 1. 매매를 원인으로 한 소유권이전등기절차를 이행하라.

1. 피고는 서울 서초구 서초동 950 대 500㎡에 관하여, 원고로부터 700,000,000원을 받음과 동시에, 원고와 소외 A 사이의 서울중앙지방법원 2025. 7. 1.자 2018카합45 소유권이전등기청구권 가압류결정에 의한 집행이 해제되면, 원고에게 2025. 5. 1. 매매를 원인으로 한 소유권이전등기절차를 이행하라.

## 4. 가등기에 기한 본등기청구

1. 피고는 원고에게 서울 서초구 서초동 950 대 500㎡에 관하여 서울중앙지방법원 2024. 5. 1. 접수 제1234호로 마친 가등기에 기하여 2024. 7. 1. 매매를 원인으로 한 소유권이전등기절차를 이행하라.

# Ⅱ. (근)저당권설정등기청구·(근)저당권이전등기청구

## 1. 저당권설정등기

1. 피고는 원고에게 별지 목록 기재 토지에 관하여 2024. 5. 1. 저당권설정계약을 원인으로 한 채권액 200,000,000원, 채무자 A(서울 서초구 서초대로 56), 변제기 2024. 5. 1. 이자 연 10%, 이자 지급시기 매월 10일의 저당권설정등기절차를 이행하라.

## 2. 근저당권설정등기

1. 피고는 원고에게 별지 목록 기재 토지에 관하여 2024. 5. 1. 근저당권설정계약을 원인으로 한 채권최고액 300,000,000원, 채무자 A(서울 서초구 서초대로 56)의 근저당권설정등기절차를 이행하라.

## 3. 피담보채권양도에 의한 근저당권이전등기(부기등기)

1. 피고는 원고에게 별지 목록 기재 토지에 관하여 서울중앙지방법원 2024. 5. 1. 접수 제1234호로 마친 근저당권에 대하여 2024. 8. 1. 확정채권양도를 원인으로 한 근저당권이전등기절차를 이행하라.

## Ⅲ. 소유권이전등기 말소등기청구

### 1. 기본 유형

1. 원고에게,
  가. 피고 甲은 서울 서초구 서초동 950 대 500㎡에 관하여 서울중앙지방법원 2024. 5. 1. 접수 제1234호로 마친 소유권이전등기의 말소등기절차를 이행하고,
  나. 피고 乙은 위 가.항 기재 소유권이전등기의 말소등기에 대하여 승낙의 의사표시를 하라.

### 2. 순차말소등기청구

〈청구취지 연습〉

乙이 甲 소유 토지에 대하여 무단으로 소유권이전등기를 마친 후 丙에게 소유권이전등기를 마쳐준 상태에서 원고가 소유권을 회복하기 위한 경우

1. 원고에게, 별지 목록 기재 부동산에 관하여,
  가. 피고 乙은 서울중앙지방법원 2024. 5. 1. 접수 제14호로 마친 소유권이전등기절차의,
  나. 피고 丙은 위 같은 법원 20204. 7. 1. 접수 제1234호로 마친 소유권이전등기절차의,
각 말소등기절차를 이행하라.

### 3. 진정명의회복을 원인으로 한 소유권이전등기청구

1. 피고는 원고에게 별지 목록 기재 부동산에 관하여 진정한 등기명의 회복을 원인으로 한 소유권이전등기절차를 이행하라.

## Ⅳ. 근저당권설정등기 말소등기청구

### 1. 근저당권등기가 원인무효인 경우

1. 피고는 원고에게 서울 서초구 서초동 950 대 500㎡에 관하여 서울중앙지방법원 2024. 5. 1. 접수 제1234호로 마친 근저당권설정등기의 말소등기절차를 이행하라.

### 2. 근저당권설정계약해지를 원인으로 한 말소등기청구

1. 피고는 원고에게 서울 서초구 서초동 950 대 500㎡에 관하여 서울중앙지방법원 2024. 5. 1. 접수 제1234호로 마친 근저당권설정등기에 대하여 2024. 7. 1. 해지를 원인으로 한 말소등기절차를 이행하라.

### 3. 피담보채무 변제를 원인으로 한 말소등기청구

> 1. 피고는 원고에게 관하여 서울중앙지방법원 2024. 5. 1. 접수 제1234호로 마친 근저당권설정등기에 대하여 2024. 7. 1. 확정채권변제를 원인으로 한 말소등기절차를 이행하라.

## V. 말소회복등기청구

> 1. 피고는 원고에게 별지 목록 기재 부동산에 관하여 서울중앙지방법원 2024. 5. 1. 접수 제1234호로 말소등기된 같은 법원 2024. 3. 1. 접수 제345호로 마친 근저당권설정등기의 회복등기절차를 이행하라.

# 제4장 채권자대위청구

- 소송요건 : ① 피보전채권의 존재 및 변제기 도래 ② 채권보전의 필요성 ③ 채무자의 권리 불행사
- 본안요건 : 피대위권리의 존재

## 1. 금전채권을 피보전채권으로 한 경우의 대위행사

- 직접 대위채권자 자신에게 이행하도록 청구할 수도 있음

## 2. 소유권이전등기청구권 대위행사

- 항상 '채무자'에게로의 이전등기만을 청구할 수 있음

> 〈청구취지 연습〉
>
> 甲 소유의 토지가 乙에게 2025. 5. 1., 원고인 丙에게 2025. 7. 1. 순차매도된 경우에, 丙이 甲과 乙을 공동피고로 하여 위 토지의 소유권이전등기를 대위행사하는 경우
>
> 1. 서울 서초구 서초동 950 대 500㎡에 관하여,
>  가. 피고 甲은 피고 乙에게 2025. 5. 1. 매매를 원인으로 한,
>  나. 피고 乙은 원고에게 2025. 7. 1. 매매를 원인으로 한,
> 각 소유권이전등기절차를 이행하라.

## 3. 말소등기청구권의 대위행사

- 등기말소의무의 이행을 '채무자' 또는 '대위채권자'에게 명하든 차이가 없음

## 4. 방해배제청구권의 대위행사

① 피보전채권이 특정채권인 경우에는 직접 채권자에게 명도하도록 하여도 무방하나,
② 피보전채권이 금전채권인 경우에는 채무자에게 명도할 것을 청구하여야 한다.

## 5. 피대위권리가 제3채무자에 대한 채권양도청구권인 경우

- 채무자가 제3채무자에게 채권의 양도를 구할 수 있는 권리를 가지고 있고, 채권자가 채무자의 위 권리를 대위행사하는 경우 채권자는 제3채무자에 대하여 채무자에게 채권양도절차를 이행하도록 청구하여야 하고, 직접 자신에게 채권양도절차를 이행하도록 청구할 수 없다.

# 제5장 채권양도통지 청구

## 1. 통지권자
- 채권양도의 통지권자는 양도인으로서 양수인은 양도인의 통지권을 대위행사할 수 없고, '통지청구권'만 가진다. 다만, 양수인이 '양도인의 사자' 또는 '양도인의 대리인'으로서 양도통지 하는 것은 가능

## 2. 상대방
- 채무자가 상대방이고, 주채무자에게 대항요건을 갖춘 이상 보증인에게 별도로 대항요건을 갖출 필요는 없음
- 부진정연대채권의 경우 어느 채무자 일방에 대한 채권이 양도되더라도 다른 채무자에 대한 채권이 당연히 함께 이전되지는 않는다.

## 3. 채권양도의 효력에 따른 유형
- 처음부터 채권양도가 없었거나 무효인 경우에는 양도인이 양수인의 동의를 얻어 채무자에게 통지해야 한다(민법 제452조 제2항).
- 채권양도 후 철회된 경우에는 민법 제452조 제2항을 유추적용하여, 양도인이 양수인의 동의를 얻어 채무자에게 통지해야 한다.

## 4. 채권양도 후 취소·해제된 경우
- 지명채권 양도통지 후 양도계약이 해제된 경우, 양도인이 그 해제를 이유로 채무자에 대해 대항하려면 '양수인'이 채무자에게 위 해제사실을 통지해야 한다.
- 양도인은 단독통지권이 없고, '양수인의 동의'를 얻은 경우에만 유효하다.

## 제6장　　확인의 소

### Ⅰ. 소유권확인

> 1. 원고와 피고 공상국 사이에, 서울 마포구 성산동 750 잡종지 240㎡가 원고의 소유임을 확인한다.

### Ⅱ. 임차권존재확인

> 1. 원고와 피고 최병철 사이에, 서울 서초구 서초대로 250 건물의 1층 120㎡에 관하여 원고에게, 원고와 피고 최병철 사이의 2013. 1. 4. 임대차계약에 의한 임대차기간 2016. 1. 9.부터 2018. 1. 8.까지, 임대차보증금 1억 원, 차임 월 200만 원으로 한 임차권이 존재함을 확인한다.

### Ⅲ. 채무부존재확인

> 1. 원고와 피고 김정우 사이에, 원고의 피고 김정우에 대한 2025. 5. 1. 금전소비대차 계약에 기한 채무는 300,000,000원을 초과하여서는 존재하지 아니함을 확인한다.

> 1. 원고와 피고 공상국 사이에, 서울 서초구 서초대로 950 지상 시멘트블럭조 슬레이트 지붕 단층 창고 150㎡에 관하여 원고에게 철거할 의무가 없음을 확인한다.

# 제7장 확인의 소

## Ⅰ. 사해행위취소

1. 피고(수익자)와 소외 甲(채무자) 사이에 별지 목록 기재 부동산에 관하여 2025. 5. 1. 체결된 매매계약을 취소한다.

## Ⅱ. 사해행위취소 및 원물반환(병합청구)

1. 피고 乙과 소외 甲 사이에 별지 목록 기재 부동산에 관하여 2025. 5. 1. 체결된 매매계약을 취소한다.
2. 소외 甲에게,
 가. 피고 丙은 별지 목록 기재 부동산에 관하여 서울중앙지방법원 2025. 5. 1. 접수 제1234호로 마친 소유권이전등기의,
 나. 피고 乙은 위 같은 부동산에 관하여 위 같은 법원 2025. 3. 1. 접수 제234호로 마친 소유권이전등기의,
각 말소등기절차를 이행하라.

## Ⅲ. 중요 기재례

1. 소외 김갑동과 피고 이을순 사이에 서울 서초구 서초대로 250 서초아파트 105동 1710호에 관하여 2025. 5. 1. 체결한 매매계약을 100,000,000원의 한도 내에서 취소한다.
2. 피고 이을순은 원고에게 100,000,000원 및 이에 대한 이 판결 확정일 다음날부터 다 갚는 날까지 연 5%의 비율로 계산한 돈을 지급하라.

1. 원고와 피고 김영애 사이에서,
 가. 피고 김영애와 소외 박채근 사이에 별지 목록 제1기재 토지에 관하여 2012. 10. 30. 체결된 증여계약을 취소한다.
 나. 피고 김영애과 소외 박채근에게 별지 목록 제1기재 토지에 관하여 인천지방법원 부천지원 김포등기소 2012. 11. 5. 접수 제3111호로 마친 소유권이전등기의 말소등기절차를 이행하라.

1. 피고 김기창과 소외 박채근 사이에 별지 목록 기재 부동산에 관하여 2025. 11. 2. 체결된 근저당권설정계약을 취소한다.
2. 피고 김기창은 서울중앙지방법원 2021타경1234 부동산임의경매사건에서의 배당금지급청구권에 관하여 소외 박채근에게 이 사건 판결확정일자 채권양도의 의사표시를 하고, 소외 대한민국(소관 : 서울중앙지방법원)에게 그 취지의 통지를 하라.

1. 피고와 소외 박찬근 사이에 별지 목록 기재 토지에 관하여 2020. 10. 1. 체결된 근저당권설정계약을 취소한다.
2. 서울중앙지방법원 2021타경1234호 부동산강제경매사건에 관하여 위 법원이 2021. 1. 5. 작성한 배당표 중 원고에 대한 배당액 50,000,000원을 70,000,000원으로, 피고에 대한 배당액 20,000,000원을 0원으로 각 경정한다.

# High-End 민사기록형

## 제3편
# 청구유형별 요건사실 및 항변

# 제1장 소유권에 기한 부동산인도·철거·퇴거청구

## I. 청구원인

### 1. '인도청구' 요건사실

① 원고의 목적물 소유 + ② 피고의 목적물 점유

① 원고의 소유 관련 쟁점
- 소유권이전등기 마친 사실(등기 추정력)
- 상속부동산 : '피상속인의 소유 사실' + '원고가 상속인인 사실'
- 미등기신축건물 : 원고가 비용과 시간을 들여 건물을 신축 또는 수급인과 신축건물 소유권을 자신에게 귀속시키기로 약정
- 미등기토지 : 토지대장에 소유권자로 등재 또는 소유권자로 등재된 자로부터 승계취득
- 동산 : 매매·증여 등의 약정사실 + 동산인도를 받은 사실

② 피고의 점유 관련 쟁점
- 토지임대차 : 대지는 건물의 소유자가 점유하므로 건물의 소유자가 현실적으로 건물이나 대지를 점유하고 있지 않더라도 대지인도·건물철거의 상대방
- 토지의 소유권자는 건물소유자에 대하여 퇴거청구는 불가
- 제3자 무단침탈 : 각 공유자는 공유물 '전부' 인도청구 가능하고, 공유물불법점거로 인한 손해배상청구 또는 부당이득반환청구시 각 공유자는 '지분 한도'내에서만 청구 가능
- 과반수지분권자가 임대시 '공유물의 관리행위'로 유효함. 따라서 다른 공유자의 제3자를 상대로 한 공유물인도청구나 부당이득반환청구는 불가
- 소수지분권자는 임차를 해 준 과반수지분권자에게 지분비율에 의한 임료상당 부당이득반환청구만 가능하나 불법행위책임은 추궁 불가
- 소수지분권자가 단독으로 공유물을 타인에게 무단임대한 경우 소수지분권자가 임차인을 상대로 한 인도청구 가능

### 2. 건물철거 · 퇴거청구

① 원고의 토지소유 + ② 피고의 지상건물 소유 또는 피고의 제3자 소유 건물 점유

- 건물소유권자 이외의 제3자가 건물을 점유하고 있을 경우 그 자를 상대로 '건물퇴거'청구를 해야 함

## Ⅱ. 항변 사유 – 정당한 점유권원의 존재(민법 제213조 단서)

### 1. (관습법상) 법정지상권[4]

#### (1) 민법 제366조 법정지상권
- 강행법규로서 당자자의 특약에 의해 배제 불가
- 저당권설정 당시 토지상에 건물이 존재
- 저당권설정 당시 토지와 건물의 소유자가 동일
- 토지나 건물에 설정된 저당권의 실행으로 토지와 건물의 소유자가 달라질 것

#### (2) 관습법상 법정지상권

##### 1) 토지와 건물의 동일인 귀속

① 건물의 존재
- 매매계약 등 체결 당시에 건물이 존재해야 하고, 미등기 무허가건물도 가능

② 토지와 건물 소유권의 동일인 귀속
(i) 수탁자와 신탁자의 대내적 관계에서 수탁자는 토지가 자기 소유였다고 주장 불가. 따라서 관법지 취득 불가
(ii) 건물공유자 1인이 부지인 토지를 단독소유하면서 토지에 고나하여만 저당권설정하였다가 임의경매로 토지 소유자가 달라진 경우는 성립
(iii) 토지공유자 한 사람이 다른 공유자의 지분 과반수의 동의를 얻어 건물을 건축한 후 토지와 건물의 소유자가 달라진 경우 불성립

③ 동일인 소유는 소유권 변동 당시 기준. 소유권변동이 강제경매로 인한 경우에는 '(가)압류효력 발생시'를 기준. 목적물에 관하여 (가)압류가 있기 전 저당권이 설정되어 있다가 그 후 강제경매로 인하여 소멸하는 경우에는 '저당권 설정 당시'를 기준으로 판단

##### 2) 매매 기타의 원인으로 소유자가 달라질 것
- 대물변제, 공유물분할, 환매, 강제경매, 증여, 국세체납처분에 의한 공매 등
- 인정되지 않는 경우
  (i) 원래 동일인에게 소유권 귀속이 원인무효로 이루어졌다가 원인무효임이 밝혀져 그 등기가 말소됨으로써 건물과 토지의 소유자가 달라진 경우
  (ii) 토지 및 지상건물이 양도되었다가 채권자취소권 행사에 따라 건물에 대하여만 양도가 취소되고 수익자·전득자 명의의 소유권이전등기가 말소된 경우

---

[4] (관습법상) 법정지상권이 인정될 경우, 원고의 청구가 기각되므로, 항변사유로 출제될 경우 이유 없는 항변일 가능성이 높다는 전제로 문제 접근할 것!

# 제2장 침해부당이득반환청구

## Ⅰ. 요건 사실

① 상대방 이득 취득 + ② 손해 발생 + ③ 법률상 원인 부존재 + ④ 인과관계

## Ⅱ. 구체적 유형

### 1. 타인 소유 토지에 무단으로 건물을 신축하여 소유하고 있는 자

- 현실적으로 건물 또는 부지를 점유하고 있지 않더라도 건물 소유함으로써 부당이득
- 건물을 제3자가 무단으로 사용하고 있더라도 동일

### 2. 간접점유자와 직접점유자는 부진정연대채무

### 3. 법정지상권을 취득한 자에 대해서는 지료만 청구할 수 있고 부당이득반환청구는 불가

cf) 법정지상권자로부터 당해 건물을 매수하여 그로부터 법정지상권을 '취득할 지위에 있는 자'에 불과할 경우 '지료상당의 부당이득반환의무' 부담

### 4. 선의점유자는 타인의 건물을 점유, 사용하고 그로 인하여 손해를 입혔더라도 점유, 사용으로 인한 이득 반환 의무 없음

## Ⅲ. 반환 대상 및 범위

### 1. 상대방의 이득 vs 권리자의 손실 중 적은 금액 기준

### 2. 범위

○ 물건 자체 반환청구

(1) 선의의 점유자에 대한 반환 청구

- 선의의 점유자는 과실수취권 인정됨(민법 제201조 제1항)
- 선의의 점유자는 과실취득권을 포함하는 권원이 있다고 오신한 점유자로서, 그 오신에 정당한 근거가 있어야 함
- 점유자의 선의는 민법 제197조 제1항에 의하여 추정되고, 오신에 대한 정당한 근거의 존재 사실은 점유자가 주장, 증명해야 한다.
- 따라서 선의의 점유자는 과실수취권으로 인하여 점유사용으로 인한 이득반환의무를 부담하지 않음

(2) 악의의 수익자 의제(민법 제197조 제2항)
- 선의의 점유자가 본권에 관한 소에서 패소한 경우 그 소가 제기된 때로부터 악의의 점유자로 간주되어 제748조 제2항에 따른 부당이득반환청구 가능

(3) 민법 제748조 제2항 반환범위
- 받은 이익 + 이자 + 손해배상
  ○ **금전반환 또는 가액반환**
- 선의수익자(제748조 제1항)
- 악의의 수익자로 의제되는 시기(제749조 제2항 해석)

# 제3장 등기청구

## Ⅰ. 소유권에 기한 소유권이전등기 말소청구

① 원고의 소유 + ② 피고의 소유권이전등기 경료 + ③ 등기의 원인무효

### 1. 원고의 소유

### 2. 피고의 등기 경료 및 원인무효

- 등기의무자를 피고로 해야 함
- 피고의 소유권이전등기가 경료된 이상 적법하게 이루어진 것으로 법률상 추정되므로 원고는 등기원인 무효사실 또는 등기절차 위법사실까지 주장해야 함

### 3. 항변 사유

(1) 실체적 권리관계 부합

(2) 소이익 결여

부동산처분금지가처분등기가 경료된 후 가처분채권자가 본안소송에서 승소한 후 본등기를 할 때, 가처분에 위반된 제3자 명의의 등기는 직권말소의 대상이 아니라, 가처분채권자가 말소신청을 해야 함

## Ⅱ. 진정명의회복을 원인으로 한 소유권이전등기청구

① 원고의 소유 + ② 피고의 소유권이전등기 경료 + ③ 등기의 원인무효

- 원고는 (i) 이미 자기 앞으로 소유권을 표상하는 등기가 되어 있었거나 법률의 규정에 의하여 소유권을 취득한 사실을 증명해야 함
- 공유자는 공유물에 경료된 원인무효의 등기에 고나하여는 '단독'으로 등기전부의 말소를 청구할 수 있고, 각 공유자에게 해당 지분별로 진정명의회복을 원인으로 한 소유권이전등기를 이행할 것을 청구할 수도 있음

## Ⅲ. 시효취득을 원인으로 한 소유권이전등기청구

### 1. 요건사실

20년 간 점유한 사실

## 2. 중요 쟁점

- 상속에 의한 점유 이전 : 상속인이 새로운 권원에 의하여 자기 고유의 점유를 시작하지 않는 한, 피상속인의 점유를 떠나 자기만의 점유를 주장할 수 없음
- 취득시효 완성 후 토지소유자 변동이 있는 경우 : 소유자가 변동된 시점을 새로운 기산점으로 삼아도 다시 취득시효의 점유기간이 완성되는 경우로서 2차 취득시효 점유이간 중 소유권자가 변동된 경우 취득시효 완성 당시 등기부상 소유명의자에게 시효취득 주장 가능₩
- 취득시효기간 중 계속해서 등기명의자가 동일한 경우 전 점유자의 점유를 승계하여 자신의 점유기간을 통산하여 20년이 경과한 경우에 있어서도 전 점유자가 점유를 개시한 이후의 임의의 시점을 그 기산일로 삼을 수 있음

## 3. 취득시효 완성의 효과

※ 채권자대위권 쟁점과 결합되어 나오기 때문에 매우 중요!

### (1) 등기청구권자

- 시효완성자 또는 포괄승계인
- 부동산점유취득시효 완성 후 부동산의 점유를 이전받은 자는 채권자대위권을 통하여 행사 가능
- 점유자가 취득시효기간이 완성된 후에 점유를 상실하였다 하더라도 점유의 상실이 시효이익을 포기한 것이라고 인정되지 아니하는 한 취득시효기간의 완성으로 인하여 이미 취득한 이전등기청구권은 소멸되지 아니하고, **전 점유자의 점유를 승계한 자는 그 점유 자체와 하자만을 승계**하는 것이지 그 점유로 인한 법률효과까지 승계하는 것은 아니므로 **부동산을 취득시효기간 만료 당시의 점유자로부터 양수하여 점유를 승계한 현 점유자는 자신의 전 점유자에 대한 소유권이전등기청구권을 보전하기 위하여 전 점유자의 소유자에 대한 소유권이전등기청구권을 대위행사할 수 있을 뿐**, 전 점유자의 취득시효 완성의 효과를 주장하여 직접 자기에게 소유권이전등기를 청구할 권원은 없다.
- 현점유자의 시효완성자에 대해 갖는 피보전권리인 '소유권이전등기청구권'은 현점유자의 점유로 인하여 소멸시효가 진행되지 않지만, 시효완성자가 원소유자에 대해 갖는 피대위권리인 '소유권이전등기청구권'은 소멸시효가 중단되지 않음
- 채권자가 수인인 경우 '자신의 지분 범위 내'에서만 채무자의 제3채무자에 대한 권리를 대위행사할 수 있고, 지분을 넘는 지분에 대해서는 보전의 필요성이 인정되지 않음

### (2) 등기청구권 행사 가능성

#### 1) 제3자가 시효완성을 주장할 수 없는 자인 경우

- 명의수탁자 명의로 등기된 토지가 시효완성 후 새로운 명의수탁자 명의로 이전된 경우
- 시효완성 후 명의신탁자인 원소유자 명의로 이전된 경우

- 공유토지 일부에 취득시효완성 후 공유물분할되어 시효취득 대상이 된 토지부분이 원래 지분권자의 단독소유로 된 경우 다른 공유자로부터 양수받은 지분

2) 제3자가 새로운 이해관계 있는 자임에도 취득시효완성을 주장할 수 있는 경우
- 제3자 명의 등기가 무효인 경우
- 시효완성 후 이전등기 전 토지소유자가 사망하여 '상속'이 된 경우
- 시효완성 후 시효완성자가 이전등기 청구하기 전에 '원소유자가 목적부동산을 명의신탁'한 경우

(3) 기타 효과
- 원소유자의 점유자에 대한 부당이득반환, 점유물반환, 소유권확인청구는 불가
- 시효완성자의 점유권에 기한 방해배제청구권은 행사 가능

## 4. 항변 사유

(1) 타주점유

○ **자주점유의 번복 사유** (자주점유의 타주점유로의 전환 - 자주점유자가 (i) 새로운 권원에 기해 타인을 위하는 의사를 가지고 점유를 시작하거나, (ii) 자주점유자가 타인에 대해 그를 위해 점유한다는 사실을 표시하는 경우 자주점유는 타주점유로 전환됨)
- 권원의 성질상 타주점유로 취급되는 경우 : 토지임차인, 소작계약에 의한 토지점유자, 명의수탁자, 타인의 토지 위에 분묘를 설치, 소유하는 자, 토지의 관리인
- 공유토지 또한 권원의 성질상 다른 공유자의 지분비율 범위 내에서는 타주점유
- 계약명의신탁에서 명의신탁자가 명의신탁약정에 따라 부동산을 점유한다면 명의신탁자는 소유권취득의 원인이 되는 법률요건 없이 그와 같은 사실을 잘 알면서 타인의 부동산을 점유한 것이므로 소유의 의사로 점유한다는 추정은 깨어짐
- 무단점유

○ 자주점유가 번복되지 않은 경우
- 점유자 스스로 자주점유의 권원을 적극적으로 주장하였으나 인정되지 않은 경우
- 토지 점유자가 소유자를 상대로 매매를 원인으로 소유권이전등기청구의 소를 제기했다가 패소판결이 확정된 경우
- 점유자가 취득시효기간이 경과한 후에 상대방에게 토지의 매수를 제의한 사정
- 토지를 점유, 사용하면서 세금을 납부한 사실이 없다는 사정

(2) 취득시효 중단

1) 점유중단 - 자연중단

2) 법정중단

**(i) 중단사유**(소멸시효 중단사유 준용, 제247조 제2항)

- 제소행위
- 응소행위
    (a) 응소행위로 인한 시효중단의 주장은 취득시효가 완성된 후라도 사실심 변론종결 전에는 언제든지 할 수 있음
    (b) 점유자가 소유자를 상대로 소유권이전등기 청구소송을 제기하면서 그 청구원인으로 '취득시효 완성'이 아닌 '매매'를 주장함에 대하여, 소유자가 이에 응소하여 원고 청구기각의 판결을 구하면서 원고의 주장 사실을 부인하는 경우에는, 이는 원고 주장의 매매 사실을 부인하여 원고에게 그 매매로 인한 소유권이전등기청구권이 없음을 주장함에 불과한 것이고 소유자가 자신의 소유권을 적극적으로 주장한 것이라 볼 수 없으므로 시효중단사유의 하나인 재판상의 청구에 해당한다고 할 수 없음.
- 승인
- (가)압류는 취득시효 중단사유 아님

**(ii) 취득시효중단의 인적 범위**

- 당사자 및 승계인에게만 미침. 단, 승계인 자신의 점유에 터 잡은 독자적인 시효취득을 방해하는 것은 아님.

## 5. 시효완성 이후 시효이익의 포기(제184조 제1항 유추적용)

- 시효취득자가 취득시효 완성 당시 진정한 소유자에게 해야 유효함
- 취득시효 완성 후 그 사실을 모르고 당해 토지에 관하여 어떠한 권리도 주장하지 않기로 한 경우 이에 반해 시효주장을 하는 것은 신의칙상 허용되지 아니함

## Ⅳ. 근저당권설정등기 말소청구

### 1. '근저당권설정계약'에 기한 청구(=채권적 말소등기청구권)

(1) 요건사실

① 근저당권설정계약 체결 ② 피고명의 근저당권설정등기 경료사실 ③ 근저당권 소멸

(2) '근저당권 소멸' 사유

1) 원시적 무효

2) 후발적 소멸

**(i) 근저당권 피담보채무 확정사유**

- 근저당권 존속기간 만료·결산기 도래
- 기본계약 또는 근저당권설정계약의 해제·해지

- 거래관계가 종료되어 원본채무가 발생한 가능성이 없는 경우
- 근저당권자의 경매신청 : '경매신청시' 근저당권의 피담보채권액 확정, '경매개시결정 후' 경매신청이 취하되었다고 하더라도 채무확정의 효과가 번복되지 않음
    cf) 피담보채권이 확정되지 않는 경우 : (i) 경매신청을 하려는 태도를 보인 데 그친 경우, (ii) 근저당권자가 경매신청을 하였다가 '경매개시결정 전에' 신청을 취하한 경우, (iii) 경매신청이 '각하'된 경우
- 제3자의 경매신청시는 매수인이 매수대금을 완납한 때 확정

**(ii) 피담보채무의 소멸**
- 채무자 겸 근저당권설정자 : 채권총액이 채권최고액을 초과하는 경우 '채권총액'을 변제해야 말소청구 가능
- 물상보증인 : 채권총액이 채권최고액을 초과하더라도 '민법 제357조에서 말하는 채권의 최고액'만 변제하면 근저당권설정등기 말소청구 가능

## 2. '소유권'에 기한 경우(=물권적 말소등기청구권, 민법 제214조)

### (1) 요건사실

① 원고의 소유  ② 피고의 근저당권설정등기 경료  ③ 근저당권 소멸

### (2) 항변 사유

1) 피고는 해당 변제금이 원고에 대한 다른 채권에 충당되었다는 항변 가능
2) 피담보채무의 소멸시효 중단 항변
3) 이해관계 있는 제3자가 있더라도 제3자에 대한 관계에서만 유용합의를 이유로 근저당권설정등기의 유효를 주장할 수 없을 뿐이고, 합의의 당사자에 대해서는 언제든지 유용합의를 주장할 수 있음
4) 피담보채무가 반사회적 행위에 기한 것임을 이유로 저당권말소를 소구할 경우 피고(채권자)는 불법원인급여 항변을 할 수 없음

# 제4장  매매계약에 기한 청구

## Ⅰ. 매매대금 청구 (매도인)

### 1. '매매대금'만 소구할 경우

(1) 요건사실 - 매매계약 체결 사실

- 원고가 특정일자에 피고에게 특정 재산권을 이전해 주기로 하고, 그 대가로 일정액의 매매대금을 받기로 약정한 사실만 기재하면 됨. 다만, 피고의 예상항변을 고려하여 매수인으로부터 대금일부를 수령한 경우에는 기재 要

### 2. 매매대금 + 지연손해금 병합청구

(1) 요건사실 - ① 매매계약 체결 + ② 소유권이전의무 이행·이행제공 + ③ 대금지급기한의 도래 + ④ 목적물의 인도(부동산의 경우) + ⑤ 손해발생 및 범위

1) 소유권이전의무 이행(제공)

2) 대금지급기한 도래(=다음날부터 지연손해금 발생)

|  | 주장사실 |
|---|---|
| 확정기한 | 확정기한에 관한 약정사실 |
| 불확정기한 | 불확정기한 약정사실 + 불확정기한 이행기가 도래한 사실 + 피고가 기한도래를 안 사실 |
| 기한의 정함이 없는 경우 | 기한의 정함이 없이 매도한 사실 + 매도인이 이행을 청구한 사실 및 그 시점 |

3) 매매목적물이 부동산인 경우 - 목적물 인도 사실

4) 손해발생 및 범위

- 민사법정이율 : 민법 제397조가 적용되므로 주장만 있으면 별도의 증명 불요
- 상사법정이율 : 매매대금채무가 '상행위'로 발생한 사실을 주장·증명해야 함(상법 제54조). 상인의 행위는 영업을 위한 것으로 추정되고(제47조 제2항), 상인이 영업을 위하여 하는 행위는 상행위로 본다(제47조 제1항).

## Ⅱ. 소유권이전등기청구 (매수인)

### 1. 요건사실 - 매매계약 체결사실

## Ⅲ. 주요 항변

### 1. 동시이행항변

### 2. 조건

- 정지조건부 : 정지조건부 법률행위에 해당한다는 사실(항변), 조건이 성취된 사실(재항변), 원고가 신의칙에 반하여 조건을 성취시켜 조건불성취에 해당한다는 사실(제150조 제2항, 재재항변)
- 해제조건부 : 해제조건부 법률행위에 해당한다는 사실 + 해제조건이 성취된 사실

### 3. 기한

- 매매계약상 의무에 관하여 이행기 약정이 있다는 사실(항변) + 이행기 도래사실(재항변)

| 제5장 | 대여금반환청구 |

## Ⅰ. 대여금반환청구

### 1. 요건사실

① 소비대차계약 체결 + ② 이자약정 존재·목적물 인도 + ③ 반환시기 도래 + ④ 지연이자 청구시 손해발생·범위

### 2. 주요 내용

① **소비대차계약 체결** - 계약내용으로 반드시 반환시기에 대한 주장·증명 要, 기한의 정함이 없는 경우 대주는 '반환시기의 정함이 없이 대여한 사실' 주장·증명 要

② **이자약정 존재·목적물 인도** - 이자약정 존재 + 목적물 인도 : 이자제한법상 최고이율 20% 초과시 무효(2021. 7. 7.부터)

③ **반환시기 도래**
  (i) **확정기한** - 별도의 주장·증명 불요
  (ii) **불확정기한** - '기한을 정하는 사실이 도래' 또는 '기한을 정하는 사실이 도래하지 않을 것이 확정'된 사실 주장·증명 + (지연이자 청구시) 기한도래를 안 사실 주장·증명
  (iii) **기한의 정함이 없는 경우** - 대주의 별도 주장·증명 불요, 대주가 최고한 시점에서 상당 기간 경과시 반환시기 도래(제603조 제2항) + (지연이자 청구시) 이행최고사실 및 상당 기간 도과사실 주장·증명

④ **지연이자 청구시 손해발생·범위**
  - 지연이자율에 관한

| 지연이자에 대한 합의 | 기준 | 적용 지연이자율 |
|---|---|---|
| O | 5% 초과 | ① 관련법령 최고이율 한도 내에서 가능 |
| | 5% 미만 | ② 다툼이 없거나 증거에 의하여 적극적 인정시 가능 |
| X | 약정이율 5%(상사 6%) 이상 | ③ 약정이율 轉用 |
| | 약정이율 5%(상사 6%) 미만 | ④ 5% (즉, 최소 5% 보장) |

## Ⅱ. 주요 항변

### 1. 변제·변제충당

(1) 합의충당

- '비용 → 이자 → 원본'의 충당순서 배제 可

(2) 지정충당(제476조)

- 지정충당으로는 제479조의 변제순서를 바꿀 수 없음

(3) 법정충당(제477조, 제479조)

1) 이행기 도래 → 변제이익 → 이행기 먼저 도래 또는 먼저 도래할 채무 → 비례충당

2) 변제이익

  (i) 이자부채무 > 무이자채무, 고이율 채무 > 저이율 채무
  (ii) 변제자 자신의 채무 > 변제자가 타인의 채무에 대한 보증인으로서 부담하는 보증채무
       단순채무 > 연대채무
  (iii) 인적·물적 담보가 있는 경우

- 변제자가 '**주채무자**'인 경우 '담보부 채무'와 '무담보 채무'는 변제이익 동일
- '**주채무자 이외의 자**'가 변제자인 경우, 변제자가 발행 또는 배서한 어음에 의하여 담보되는 채무가 다른 채무보다 변제이익 많음
- 변제자가 '주채무자'인 경우에도 담보로 주채무자 자신이 발행 또는 배서한 어음이 교부된 채무는 다른 채무보다 변제이익이 많음

### 2. 상계항변

(1) 요건

① 자동채권과 수동채권의 '동종채권'으로서 '상호대립' + ② 자동채권의 변제기 도래 + ③ 수동채권의 변제기 도래 + ④ 상계의사표시

(2) 중요 쟁점

1) 자동채권과 수동채권의 '동종채권'으로서 '상호대립'

- 자동채권이 소멸시효 완성으로 존재하지 않을 경우, 제495조에 의하여 '자동채권의 소멸시효 완성 전에 양 채권이 상계적상에 이르렀을 것'
- 따라서, '임대차존속 중 임대인의 구상금채권의 소멸시효가 완성된 경우' 당해 채권을 자동채권으로 하고, 임대차계약이 종료한 때 비로소 발생하는 '유익비상환채권'을 수동채권으로 한 상계는 무효임.
- 상계적상 상태에 있던 자동채권이 '제척기간 도과'를 이유로 소멸된 경우 제495조 유추적용 가능

### 2) 자동채권의 요건
- 자동채권의 변제기가 도래 + 자동채권에 동시이행항변권 등 항변권이 붙어 있지 않을 것
- 자동채권이 '양수금채권'인 경우 자동채권의 존재 요건과 관련하여 '양도인과 양수인 사이의 양도합의 + 대항요건 구비'가 인정될 것

### 3) 수동채권의 요건
- 피상계자가 상계자에 대해 갖는 채권일 것
- 법률상 상계금지 채권이 아닐 것
    (i) 불법행위로 인한 손해배상채권과 부당이득반환채권이 모두 성립하여 양 채권이 경합하여 피해자가 '부당이득반환채권' 행사시, (ii) 고의에 의한 행위가 불법행위 및 채무불이행을 동시에 구성하고 피해자가 '채무불이행에 의한 손해배상청구권' 행사시, (iii) 피용자의 고의 불법행위로 사용자책임 성립시

### 4) 상계의사표시를 한 사실
- 자동채권의 변제기와 수동채권의 변제기 중 '나중에 변제기가 도래한 일자' 기준
- 양수채권을 '자동채권'으로 한 상계시, 채권양도 전에 이미 양 채권의 변제기가 도래하였더라도 상계의 효력은 변제기로 소급하는 것이 아니라, '채권양도의 대항요건이 갖추어진 시점'으로 소급 (∴ 자동채권(=양수금채권)의 변제기 vs 수동채권의 변제기 vs 대항요건 구비일 중 가장 늦은 날 기준)

## (3) 기재례

> ① 원고의 수동채권 발생, ② 피고의 자동채권 발생, ③ 피고의 상계권 행사 및 도달일자, ④ 적어도 자동채권의 변제기가 상계권 행사일자 당시 도달한 사정, ⑤ 상계적상일, ⑥ 대등액에서 소멸된 사정, ⑦ 변제충당 법리에 따라 기준시점 당시 피고의 자동채권 원리금이 원고의 수동채권 이자에 먼저 충당되고 나머지는 원금에 충당된 사실, ⑧ 피고는 원고에게 잔존채권 및 위 기준일자 다음날부터 지연손해금을 지급할 의무가 있다는 사실

## (4) 양수금채권을 수동채권으로 하는 상계

① 자동채권이 존재하는 사실, ② 적어도 자동채권의 변제기가 도래한 사실, ③ 자동채권에 동시이행항변권 등이 부착되지 않은 사실, ④ 수동채권이 '상계금지채권'에 해당되지 않는 사실, ⑤ 피고가 원고에게 수동채권과의 상계의사표시를 한 사실

[중요 판례]
- 기준시점 당시 자동채권이 존재하지 않더라도, '채무자의 채권양도인에 대한 자동채권이 발생하는 기초가 되는 원인이 양도 전에 이미 성립하여 존재하고 자동채권이 수동채권인 양도채권과 동시이행의 관계'에 있는 경우에는 양도통지가 채무자에게 도달한 후에 자동채권이 발생하더라도 채무자는 동시이행항변권을 주장할 수 있고, 그 채권에 의한 상계로 양수인에게 대항할 수 있음

- 양도통지 당시 이미 상계를 할 수 있는 원인이 있었던 경우에는 아직 상계적상에 있지 않더라도 그 후 상계적상이 생기면 채무자는 양수인에 대해 상계로 대항할 수 있음

### 3. 소멸시효 항변

#### (1) 요건사실

① 채권자가 특정시점에서 권리를 행사할 수 있었던 사실 + ② 그때로부터 시효기간이 도과한 사실

#### (2) 주요 요건

##### 1) 소멸시효 기산점

- 원칙적으로 법률상의 장애가 없어진 때, 사실상 장애는 고려하지 아니함
- 동시이행 항변권이 부착된 채권의 경우 그 이행기로부터 소멸시효가 진행하나, 주택임대차법에 따른 임대차에서 임차인이 임대차 종료 후 동시이행항변권을 근거로 임차목적물을 계속 점유하고 있는 경우에는 보증금반환채권에 대한 소멸시효가 진행되지 않음
    (i) **확정기한부 채권** - 확정기한이 도래한 당일, 기한 유예 합의시 변경된 이행기가 도래한 때로부터 다시 진행
    (ii) **불확정기한부 채권** - 당해 사실이 발생한 경우 또는 발생하지 않는 것으로 확정된 경우에도 기한 도래
    (iii) **기한의 정함이 없는 채권** - 원칙적으로 채권성립 당일에 기산(부당이득반환청구권, 구상권, 담보책임으로서 손해배상청구권, 신원보증책임), 불법행위로 인한 손해배상청구권은 제766조 제1항~제3항에서 별도 규정, 임치물 반환청구권의 소멸시효는 임치계약이 성립하여 임치물이 수치인에게 인도된 때부터 진행

##### 2) 소멸시효 기간

소멸시효 기산점과 이행지체 기산점 비교

| | | 소멸시효 기산점 | 이행지체 기산점 |
|---|---|---|---|
| 확정기한부 채무 | | 확정기한 도래 당일 | 기한이 도래한 다음날 |
| 불확정기한부 채무 | | 기한으로 정한 당해 사실이 발생한 경우 또는 당해 사실이 발생하지 않는 것으로 확정된 경우 | 채무자가 기한도래의 사실을 안 다음날 또는 채권자로부터 기한 도래 후 이행청구를 받은 다음날 |
| 기한없는 채무 | 원칙 | 성립과 동시에 이행기 및 기산점 | 이행청구를 받은 다음날 |
| | 불법행위책임 | 제766조 제1항~제3항 | 불법행위 성립 당일 |
| | 기한없는 소비대차 | 채권자가 최고를 할 수 있는 날로부터 상당한 기간이 도과한 시점 | 채권자의 최고가 있은 후 상당한 기간이 경과한 다음날 |

### (3) 주요 재항변

#### 1) 시효중단(제168조)

**(i) 재판상 청구**
- 소제기(흠 있는 소제기의 경우도 시효중단효력 인정)
- 대항요건을 갖추지 못한 채권 양수인의 재판상 청구도 인정
- 백지보충권 미행사시도 시효중단효력 인정
- 응소행위 : 피고인 채권자 승소시 재판상 청구에 준하여 시효중단효 인정
- 시효완성일 이전에 응소를 해야 하고, 시효 대상인 자신의 권리에 대한 적극적인 주장이 있어야 함(시효중단의 주장은 반드시 응소시에 할 필요는 없고 소멸시효기간 만료 후라도 '사실심 변론종결 전'에는 언제든지 가능)
- 원고의 소취하·소각하가 있는 경우 – 제170조 제2항을 유추적용하여 패소판결이 확정된 때로부터 6개월 내에 다른 강력한 중단사유를 취한 때에는 '응소시'에 소급하여 시효중단의 효력 인정
- 대표적인 중단시기
  소제기(소장 법원제출시), 피고경정(경정신청서 법원제출시), 응소행위(현실적으로 응소한 때, 권리주장을 담은 답변서 혹은 준비서면 제출시에는 '서면제출시'), 관할위반으로 인한 이송(이송한 법원에 소제기시)

**(ii) 최고(민법 제174조)**
- 최고로 인한 시효중단의 효과는 원칙적으로 '그 최고가 상대방에게 도달한 때' 발생
- 소송고지에 의한 최고의 경우 '소송고지서를 법원에 제출한 때'에 발생
- 최고가 있은 후 6개월 내에 다른 시효중단사유가 없으면 시효중단 효력이 없음. 최고 후 6개월 내에 '채무자 승인'이 있는 경우 제174조를 유추적용하여 시효중단 효력 발생
- 거듭된 최고 : 수 개의 최고 중 '재판상 청구 등 후속사유가 생긴 날을 기준으로 이로부터 소급하여 6개월 이내에 한 최고 중 '가장 일자가 이른 최고일' 선택하여, 당해 최고가 시효기간 경과 전이면 시효중단효력 인정되고, 시효기간 경과 이후일 경우에는 시효중단이 인정되지 않음

**(iii) (가)압류·가처분**

> **제175조(압류, 가압류, 가처분과 시효중단)**
> 압류, 가압류 및 가처분은 권리자의 청구에 의하여 또는 법률의 규정에 따르지 아니함으로 인하여 취소된 때에는 시효중단의 효력이 없다.
>
> **제176조(압류, 가압류, 가처분과 시효중단)**
> 압류, 가압류 및 가처분은 시효의 이익을 받은 자에 대하여 하지 아니한 때에는 이를 그에게 통지한 후가 아니면 시효중단의 효력이 없다.

ⓐ **무효인 (가)압류 등**
- 피압류채권이 부존재한 경우 : 시효중단효 인정
- 피보전채권의 소멸 또는 집행채무자의 사망시 : 시효중단효 없음

ⓑ **효력발생시기**
- 효력발생시기 : 강제집행이나 보전처분을 신청한 때로 소급(가압류는 '가압류 신청시')
- 유체동산 : 채무자의 주소불명 등의 사유로 집행착수 자체를 못한 때에는 시효중단 효력이 없고, 절차에 착수는 하였으나 압류물을 발견하지 못함으로 인하여 집행불능이 된 경우에는 시효중단 효력 발생(집행불능으로 인해 집행절차가 종료된 때부터 시효 새로 진행)

ⓒ **시효중단의 물적 범위**
- 채권자가 가분채권의 일부분을 피보전권리인 청구채권으로 주장하여 채무자 소유의 재산에 대하여 가압류를 한 경우에는 그 청구채권 부분에만 시효중단의 효력이 있다. 가압류 청구금액으로 채권의 원금만이 기재되어 있다면 가압류채권자가 가압류채무자에 대하여 원본채권 외에 그에 부대하는 이자 또는 지연손해금 채권을 가지고 있더라도 청구금액에 포함되지 않은 부대채권에 대하여는 시효중단의 효력이 발생할 수 없다

ⓓ **시효의 이익을 받을 자에 대한 통지(민법 제176조)**
- 압류 등이 시효의 이익을 받을 사람(=채무자)이 아닌 사람을 상대로 행하여진 경우를 그 예외로 정함과 동시에 채무자를 위하여 그에의 통지에 의하여 비로소 중단의 효력이 있도록 한 것

ⓔ **(가)압류 등 취소시 소멸시효 중단효 소급적 소멸(제175조)**
- 권리자의 청구에 의해 가압류 등이 취소된 경우 : 권리자가 압류, 가압류 및 가처분의 신청을 취하한 경우를 의미하고, 이러한 경우 소멸시효 중단의 효력이 소급적으로 상실된다
- 법률규정에 따르지 아니하여 가압류 등이 취소된 경우는 시효중단효가 소급적으로 소멸되지 않고, 중단사유 종료로 인해 그 다음날부터 새로운 소멸시효가 진행된다

ⓕ **채권압류·추심명령이 제3채무자에게 송달된 경우**
- 채권자의 채무자에 대한 피보전채권에 대해서 시효중단 효과가 발생하는 것 외에, '채무자의 제3채무자에 대한 채권(=피압류채권)'에 대해서도 '최고'로서의 효력이 발생함

(iv) **승인**
- '시효의 이익을 받는 사람' 또는 '대리인'만 가능. 시효중단 효력 있는 승인에 '관리능력·권한'은 필요

(v) **소멸시효중단 효력의 범위**
- 소멸시효중단 효력은 당사자 및 승계인(특정승계인 포함)에게만 미침(민법 제169조)
- 다만, 통지에 의한 중단(제176조), 연대채무자 1인에 대한 이행청구에 의한 시효중단(제416조), 주채무자에 대한 시효중단과 보증채무(제440조)의 경우에는 효력이 확장됨

**(vi) 시효중단 이후 새로운 소멸시효의 진행**

- 재판상 청구(재판확정시), 금전채권 압류 당시 피압류채권이 존재하는 경우(압류가 해제되거나 집행절차가 종료될 때), 압류 당시 피압류채권이 존재하지 않는 경우(집행채권의 소멸시효는 '추심명령송달일 다음날' 새로이 진행)
- 가압류에 의한 시효중단의 효력은 가압류 집행보전의 효력이 존속하는 동안은 계속되고, 부동산가압류의 경우 가압류등기가 존속하는 동안에는 소멸시효가 진행되지 아니함
- 최고(6월 이내의 후속절차가 종료된 때)

## 2) 시효포기

**(i) 대법원 2025. 7. 24. 선고 2023다240299 전원합의체 판결**

시효완성 사실을 알면서도 시효이익을 포기하는 의사표시를 하였는지 여부는 일부 변제에 이르게 된 구체적인 동기와 경위 및 자발성, 일부 변제액과 소멸시효가 완성된 채무액 사이의 차이, 일부 변제 당시 시효기간을 도과한 정도, 일부 변제 당시 및 전후의 언동, 당사자들의 관계와 거래지식 및 경험 등 개별 사안에 존재하는 여러 사정을 종합적으로 고려하여 객관적이고 합리적으로 판단하여야 한다.

**(ii) 효과**

- 처음부터 소멸시효이익이 생기지 않았던 것으로 됨
- 포기한 사람에 대한 관계에서만 유효하고, 주채무자의 시효이익 포기는 보증인에게 영향 없음. 저당채무 채무자의 시효이익 포기는 '저당부동산 제3취득자'에게 영향 없음
- 소멸시효 이익의 포기 당시에는 그 권리의 소멸에 의하여 직접 이익을 받을 수 있는 이해관계를 맺은 적이 없다가 나중에 시효이익을 이미 포기한 자와의 법률관계를 통하여 비로소 시효이익을 원용할 이해관계를 형성한 자는 이미 이루어진 시효이익 포기의 효력을 부정할 수 없음
- '포기시'부터 새로운 소멸시효 진행

## (4) 주요 재재항변

### 1) 소송의 각하·취하

- 재판상의 청구는 소송의 각하, 기각 또는 취하의 경우에는 시효중단의 효력이 없다(제170조 제1항), 전항의 경우에 6월 내에 재판상의 청구, 파산절차참가, 압류 또는 가압류, 가처분을 한 때에는 시효는 최초의 재판상 청구로 인하여 중단된 것으로 본다.

[구체적 사례]
- 지급명령 신청이 각하된 경우라도 6개월 이내에 다시 소를 제기한 경우라면 소멸시효는 '당초 지급명령 신청이 있었던 때'에 중단된다.
- 채권자가 피대위채권을 양수하여 양수금으로 교환적 변경한 경우 종전 채권자대위소송에 의한 소멸시효중단의 효과는 양수금청구에도 미친다

- 집행채무자의 소취하 후 추심채권자의 추심의 소제기시, 채무자가 제기한 재판상 청구로 인하여 발생한 시효중단의 효력은 추심채권자의 추심소송에서도 그대로 유지된다.

## 4. 변제공탁

(1) 공탁은 반드시 법령에 근거하여야 하고 당사자가 임의로 할 수 없음

(2) 수령거절
- 채무자가 변제제공을 한 사실 + 채권자가 수령을 거절한 사실
- 다만, 채권자가 미리 수령을 거절한 경우 또는 채권자가 명시적으로 수령거절의 의사를 표명하지 않았지만 그 태도로 보아 변제제공이 있더라도 수령하지 않을 것이 명백한 경우에는 변제제공이 필요 없음

(3) 수령불능
- 채무자가 변제제공을 한 사실 + 채권자의 수령불능사실(채권자 귀책 불요)

(4) 채권자불확지
- 변제자가 과실 없이 채권자를 알 수 없는 경우(객관적으로 채권자 또는 변제수령권자가 존재하고 있으나 채무자가 선량한 관리자의 주의를 다하여도 채권자가 누구인지를 알 수 없는 경우)

(5) 일부공탁
- 채권자가 수락하지 아니하는 한 무효이고, 공탁된 그 일부에 대해서도 변제효력이 발생하지 않는다
- 다만, 채무의 총액에 비해 아주 근소한 부족이 있는 경우 공탁된 금액에 대해서는 변제효과가 발생한다.
- '채권자가 공탁금을 채권의 일부에 충당한다는 유보의 의사표시를 하고 이를 수령한 때'에는 그 공탁금은 '채권의 일부의 변제'에 충당된다.
- 채무자가 채무액의 일부만을 변제공탁 하였으나 그 후 부족분을 추가로 공탁하였다면 '그 때부터는' 전 채무액에 대하여 유효한 공탁이 됨
- 이의유보 없는 경우 공탁서에 기재된 대로의 공탁취지나 공탁원인에 의해 수령한 것으로 간주
- 이의유보 있는 경우, 채권자가 일부변제의 수령임을 밝히고 수령하면 공탁금은 채권일부의 변제에 충당된다.

(6) 조건부 공탁
- 본래 채권에 부착되어 있지 않은 조건을 붙인 경우 채권자가 승낙하지 않는 한 무효

| 제6장 | 임대차계약에 기한 청구 |

## Ⅰ. 임차인의 임대차보증금 반환청구

### 1. 요건사실

① 임대차계약 체결 + ② 임대차보증금 지급 + ③ 임대차 종료 + ④ 반대채무를 공제한 잍매차보증금 + ⑤ 지연손해금

### 2. 중요 쟁점

#### (1) 임대차보증금 지급

- 임차인이 수인인 경우, 임대차보증금반환채권은 불가분채권
- 임대인이 수인인 경우, 건물공유자가 공동으로 건물을 임대하고 임대차보증금을 수령한 경우 임대목적물을 다수의 당사자로서 공동으로 임대한 것이고 임대차보증금반환채무는 불가분채무에 해당

#### (2) 임대차 종료

> **제639조(묵시의 갱신)**
> ① 임대차기간이 만료한 후 임차인이 임차물의 사용, 수익을 계속하는 경우에 임대인이 상당한 기간내에 이의를 하지 아니한 때에는 전임대차와 동일한 조건으로 다시 임대차한 것으로 본다. 그러나 당사자는 제635조의 규정에 의하여 해지의 통고를 할 수 있다.
> ② 전항의 경우에 전임대차에 대하여 제삼자가 제공한 담보는 기간의 만료로 인하여 소멸한다.
>
> **제6조(계약의 갱신)**
> ① 임대인이 임대차기간이 끝나기 6개월 전부터 2개월 전까지의 기간에 임차인에게 갱신거절(更新拒絶)의 통지를 하지 아니하거나 계약조건을 변경하지 아니하면 갱신하지 아니한다는 뜻의 통지를 하지 아니한 경우에는 그 기간이 끝난 때에 전 임대차와 동일한 조건으로 다시 임대차한 것으로 본다. 임차인이 임대차기간이 끝나기 2개월 전까지 통지하지 아니한 경우에도 또한 같다.
> ② 제1항의 경우 임대차의 존속기간은 2년으로 본다.
> ③ 2기(期)의 차임액(借賃額)에 달하도록 연체하거나 그 밖에 임차인으로서의 의무를 현저히 위반한 임차인에 대하여는 제1항을 적용하지 아니한다.
>
> **제6조의2(묵시적 갱신의 경우 계약의 해지)**
> ① 제6조 제1항에 따라 계약이 갱신된 경우 같은 조 제2항에도 불구하고 임차인은 언제든지 임대인에게 계약해지(契約解止)를 통지할 수 있다. 〈개정 2009. 5. 8.〉
> ② 제1항에 따른 해지는 임대인이 그 통지를 받은 날부터 3개월이 지나면 그 효력이 발생한다.

> 제10조(계약갱신 요구 등)
> ④ 임대인이 제1항의 기간 이내에 임차인에게 갱신 거절의 통지 또는 조건 변경의 통지를 하지 아니한 경우에는 그 기간이 만료된 때에 전 임대차와 동일한 조건으로 다시 임대차한 것으로 본다. 이 경우에 임대차의 존속기간은 1년으로 본다.
> ⑤ 제4항의 경우 임차인은 언제든지 임대인에게 계약해지의 통고를 할 수 있고, 임대인이 통고를 받은 날부터 3개월이 지나면 효력이 발생한다.

- 임대차기간의 정함이 없는 경우 : 임대인에게 해지통고를 하여 그 의사표시가 임대인에게 도달한 사실 + 그때부터 민법 제635조 제2항 소정의 일정기간이 도과한 사실(임대인 해지통고시 6월, 임차인 해지통고시 1월 경과시 종료)

### (3) 연체차임 등의 공제

- 임대인은 임대차보증금에서 '임대차종료 후 임차목적물을 명도받을 때까지 발생한 연체차임 등 모든 피담보채무'를 공제한 나머지 잔액만을 임차인에게 반환할 의무가 있음.
- 당연공제 : 임대차보증금의 피담보채무 상당액은 임대차관계의 종료 후 목적물이 반환될 때에 별도의 의사표시 없이 보증금에서 당연히 공제되고, 임대인은 임대차보증금에서 그 피담보채무를 공제한 나머지만을 임차인에게 반환할 의무가 있다.
- 차임채권이 압류·추심된 경우 : 당해 임대차계약이 종료되어 목적물이 반환될 때에는 '그때까지 추심되지 아니한 채 잔존하는 차임채권 상당액'도 임대차보증금에서 당연 공제됨
- 차임채권이 양도된 경우 : 임차인은 임대차계약이 종료되어 '목적물을 반환할 때까지 연체한 차임 상당액'을 보증금에서 공제할 것을 주장할 수 있음.

### (3) 추가 쟁점

#### 1) 임대차보증금반환채권 '양수인'이 임대차보증금 반환청구시

- 임대인이 임대차보증금반환청구채권의 양도통지를 받은 후에는 임대인과 임차인 사이에 임대차계약의 갱신이나 계약기간 연장에 관하여 명시적 또는 묵시적 합의가 있더라도 그 합의의 효과는 보증금반환채권의 양수인에 대하여는 미칠 수 없다.
- 명도시까지 생긴 반대채무는 당연공제.

#### 2) 임차목적물 양수인을 상대로 한 임대차보증금 반환청구

- 대항력을 갖춘 경우 : 임차권이 대항력이 생긴 사실(민법 제621조, 제622조, 주임법 제3조 제1항, 상임법 제3조 제1항)
- 임차권이 대항력을 갖추지 못한 경우 : 임대인과 양수인이 특약으로 임대인의 지위를 승계하기로 약정한 사실
- 임차주택 양수인은 임대차보증금반환채무를 면책적으로 인수하고, 양도인은 위 반환채무를 면한다.

- 임대인의 지위를 승계하기 전까지 발생한 연체차임이나 관리비 등이 추심되지 않았으면 임대차보증금에서 당연공제 된다.
- 주택임대차보호법 제3조 제1항의 대항요건을 갖춘 임차인의 임대차보증금반환채권에 대한 압류 및 전부명령이 확정되어 임차인의 임대차보증금반환채권이 집행채권자에게 이전된 경우 제3채무자인 임대인으로서는 임차인에 대하여 부담하고 있던 채무를 집행채권자에 대하여 부담하게 될 뿐 그가 임대차목적물인 주택의 소유자로서 이를 제3자에게 매도할 권능은 그대로 보유하는 것이며, 위와 같이 소유자인 임대인이 당해 주택을 매도한 경우 주택임대차보호법 제3조 제2항에 따라 전부채권자에 대한 보증금지급의무를 면하게 되므로, 결국 임대인은 전부금지급의무를 부담하지 않는다(2005다23773).

### 3) 가압류의 경우

- 주택임대차보호법 제3조 제3항은 같은 조 제1항이 정한 대항요건을 갖춘 임대차의 목적이 된 임대주택(이하 '임대주택'은 주택임대차보호법의 적용대상인 임대주택을 가리킨다)의 양수인은 임대인의 지위를 승계한 것으로 본다고 규정하고 있는바, 이는 법률상의 당연승계 규정으로 보아야 하므로, 임대주택이 양도된 경우에 양수인은 주택의 소유권과 결합하여 임대인의 임대차 계약상의 권리·의무 일체를 그대로 승계하며, 그 결과 양수인이 임대차보증금반환채무를 면책적으로 인수하고, 양도인은 임대차관계에서 탈퇴하여 임차인에 대한 임대차보증금반환채무를 면하게 된다(2011다49523)

## Ⅱ. 임대인의 임대차목적물·사용이익 반환청구

### 1. 요건사실

① 임대차계약 체결 + ② 목적물 인도 + ③ 임대차 종료 + ④ 반대채무가 공제된 임대차보증금 지급과 상환으로 임차목적물 인도청구

### 2. 중요 쟁점

(1) 연체차임(임대차계약기간 중) 또는 임대차목적물 계속 사용·수익에 따른 부당이득 공제

1) 임대차계약 존속 중에는 실질적 사용·수익 불문하고 임대차보증금에서 약정 차임 공제

2) 임대차계약 종료 이후에는 실질적 사용·수익 여부 판단하여 공제 여부 결정

- 임대차계약 종료 후 임차인이 임차목적물을 계속 사용·수익하는 경우의 청구취지
- '피고는 원고로부터 300,000,000원에서 2025. 1. 1.부터 별지목록 기재 부동산의 인도완료일까지 매월 1,000,000원의 비율로 계산한 금액을 공제한 나머지 돈을 지급받음과 동시에 원고에게 위 부동산을 인도하라'

### 3. 중요 항변

#### (1) 비용상환청구권(민법 제626조)에 기한 유치권

- 필요비상환청구 : 임대목적물에 관하여 일정 비용을 지출한 사실 + 그 비용이 임대목적물 보존에 필요한 사실
- 유익비상환청구 : 임대목적물에 비용을 지출한 사실 + 그 비용이 목적물의 객관적 가치를 증가시킨 사실 + 실제 지출한 비용과 현존하는 증가액

#### (2) 임차목적물의 소유권자 변경시 유치권 행사

- 대항력 있는 임차권 - 임차인은 신소유자 상대로 제626조에 기하여 비용상환청구 가능하므로 유치권 행사 가능
- 대항력 없는 임차권 - 피담보채권이 인정되지 않아 유치권 행사 불가. 임차인은 신소유자의 임대차목적물 반환청구에 응해야 하고, 전임대인을 상대로 민법 제626조 제2항에 의해 임대차계약상의 비용(유익비)상환청구만 가능

## Ⅲ. 임차인의 지상물매수청구권(제643조~제645조)

### 1. 요건사실

① 지상물 소유목적으로 토지임대차계약 체결 사실 + ② 임대차기간이 만료된 사실 + ③ 임차인이 지상물을 건축하여 현존하고 있는 사실 또는 임대인으로부터 해당 지상물을 양수하여 현존하고 있는 사실 + ④ 계약갱신을 청구하였으나 임대인이 거절한 사실 + ⑤ 매수청구권 행사 사실 + ⑥ 지상물의 시가 + ⑦ 부당이득 청구시 토지 임료 상당액 부당이득 사실

- 청구가 이유 있으면 '매매대금 지급과 상환으로 지상물 소유권이전·인도'를 구해야 함
- 지상물 인도청구를 통해 '대지인도'는 같이 이루어지므로 '대지인도'부분은 별도로 청구할 필요 없음
- 인도완료일까지의 임료상당의 부당이득반환청구 누락 유의

### 2. 중요 쟁점

#### (1) 건물, 식목 기타 지상시설의 현존

- 지상건물이 여러 필지에 걸친 경우에는 임차지상에 서 있는 건물부분 중 구분소유의 객체가 될 수 있는 부분에 한하여 매수청구 허용
- 임차인이 임대하지 않은 임대인의 다른 인접토지 위에 세운 건물은 매수대상에서 제외됨

#### (2) 매수청구권 행사

##### 1) 청구권자

- 매수청구권자는 토지임차인으로서 '지상물의 소유권자' 임을 원칙으로 함

- 종전 임차인으로부터 미등기 무허가건물을 매수하여 점유하고 있는 임차인 또한 그 점유 중인 건물에 대해 '법률상 또는 사실상의 처분권'을 갖고 있으므로 매수청구권 행사 가능

2) 상대방
- 토지임차권 소멸 당시의 토지임대인
- 종전 토지임대인이 토지소유권을 상실한 경우 '종전 임대인'에 대한 청구 불가
- 임대인의 지위가 승계되거나 임차인이 토지 소유자에게 임차권을 대항할 수 있을 경우 '새로운 토지 소유자'를 상대로 청구 가능
- 임차인이 토지소유자 외의 제3자와 임대차계약을 체결한 경우
    (i) 토지 소유자가 아닌 제3자가 토지 임대행위를 한 경우 - 제3자가 토지 소유자를 적법하게 대리하거나 토지 소유자가 제3자의 무권대리행위를 추인하는 등으로 임대차계약의 효과가 토지 소유자에게 귀속되었다면 토지 소유자가 임대인으로서 지상물매수청구권의 상대방이 됨
    (ii) 제3자가 임대차계약의 당사자로서 토지를 임대한 경우 - 토지 소유자가 임대인의 지위를 승계하였다는 등의 특별한 사정이 없는 한 임대인이 아닌 토지 소유자가 직접 지상물매수청구권의 상대방이 될 수는 없음

3) 기판력의 시적 범위 (차단효 X)
- 임차인이 임대인에 대하여 건물매수청구권을 행사할 수 있음에도 이를 행사하지 아니한 채, 임대인이 임차인에 대하여 제기한 토지인도 및 건물철거청구 소송에서 패소하여 확정되더라도, 그 확정판결에 의하여 건물철거가 집행되지 아니한 이상 임차인은 건물매수청구권을 행사하여 별소로써 임대인에 대하여 건물 매매대금의 지급을 구할 수 있음

4) 행사가액
- 매수청구권 행사 당시 건물이 현재하는 상태에서 평가된 시가
- 건물에 저당권이 설정된 경우에 근저당권의 채권최고액이나 피담보채무액을 공제한 금액을 매수가격으로 정해서는 안되고, 매수청구권을 행사한 지상건물 소유자가 위와 같은 근저당권을 말소하지 않는 경우 토지소유자는 민법 제588조에 의하여 위 근저당권의 말소등기가 될 때까지 그 채권최고액에 상당한 대금의 지급을 거절할 수 있음

5) 부당이득반환청구
- 지상건물 등의 점유·사용을 통하여 그 부지를 계속하여 점유·사용하는 한 그로 인한 부당이득으로서 부지의 임료 상당액은 이를 반환할 의무가 있음

3. 항변
- 임대차기간 만료 후 포기특약
- 매수청구권 배제·제한 특약이 존재하고 당해 특약이 임차인에게 불리하지 않을 것

## Ⅳ. 부속물매수청구권(제646조)

### 1. 요건사실

① 임대차계약 체결 사실 + ② 임대인의 동의를 얻어 부속물 설치 또는 그 부속물을 임대인으로부터 매수한 사실 + ③ 임대차계약 종료 사실 + ④ 부속물이 현존하는 사실 + ⑤ 매수청구권 행사 사실 + ⑥ 매수청구권 행사 당시 부속물의 시가

### 2. 중요 쟁점

- 부속물매수청구권은 임차인의 채무불이행으로 임대차계약이 해지된 경우에는 인정 불가
- 오로지 임차인의 특수목적에 사용하기 위한 것은 부속물에 해당 (X)

### 3. 항변

- 부속물매수청구권 배제·제한 특약이 존재하고, 임차인에게 불리한 것이 아닐 것

| 제7장 | 계약의 실효 및 원상회복 |

## Ⅰ. 계약해제

### 1. 법정해제

#### (1) 이행지체에 의한 해제

① 계약체결사실 + ② 상대방이 채무이행을 지체한 사실 + ③ 상대방에게 상당기간을 정하여 이행최고 사실 + ④ 상대방이 상당기간 내에 이행(제공)을 하지 아니한 사실 + ⑤ 해제의사표시 사실 + ⑥ 원상회복청구 또는 채무부존재하는 사실

#### (2) 후발적 불능을 이유로 한 해제 (민법 제546조)

① 계약체결사실 + ② 채무자의 채무이행이 불능한 사실 + ③ 해제의사표시 사실 + ④ 원상회복청구 또는 채무부존재 사실

#### (3) 원시적 불능을 이유로 한 해제 (민법 제580조, 제581조)

① 매매계약체결 + ② 매매계약 체결 당시 특정물에 하자가 있는 사실 + ③ 하자로 인해 계약목적을 달성할 수 없는 사실 + ④ 해제의사표시 사실 + ⑤ 원상회복청구 또는 채무부존재 사실

#### (4) 정지조건부 해제

① 계약체결 사실 + ② 해제권자가 채무이행을 최고한 사실 + ③ 최고기간 내에 상대방의 미이행을 정지조건으로 해제 의사표시를 한 사실 + ④ 상대방이 최고기간 내에 이행제공을 하지 않은 사실 + ⑤ (동이항시) 해제권자가 반대급부 이행 또는 이행제공 사실 + ⑥ 원상회복청구 또는 채무부존재 사실

### 2. 계약금에 기한 해제 (민법 제565조 제1항)

① 계약체결 사실 + ② 매매계약 체결시 계약금(전액)을 교부한 사실 + ③ 계약해제 목적으로 계약금 배액을 현실제공(매도인) 또는 계약금 반환청구권 포기의 의사표시(매수인)를 한 사실 + ④ 매매계약 해제의 의사표시를 한 사실 + ⑤ 채무부존재 사실

### 3. 약정해제

① 계약체결 사실 + ② 당사자들이 해제권 유보 약정을 한 사실 + ③ 약정한 해제사유가 발생한 사실 + ④⑤ 해제의 의사표시를 한 사실 + ⑥ 원상회복청구 또는 채무부존재 사실

### 4. 실권약관(실권조항 혹은 계약실효조항)

(1) 잔금이행지체를 요건으로 하는 실권약관

① 계약체결 사실 + ② 매수인이 이행기가 도과하도록 잔대금 지급의무를 이행하지 않은 사실 + ③ 당사자가 간에 자동해제특약을 한 사실 + ④ 매도인이 잔대금지급기일에 자신의 반대급부를 이행했거나 이행제공을 한 사실 + ⑤ 원상회복청구 또는 채무부존재 사실

(2) 중도금이행지체를 요건으로 하는 실권약관

(3) 계약금몰취·배액상환 약정과 결합된 실권조항
  - 판례는 위약 당사자의 해제권유보조항으로 해석

## Ⅱ. 계약취소

### 1. 제한능력을 이유로 한 취소

① 계약체결 사실 + ② 원고가 제한능력자라는 사실 + ③ 계약취소 의사표시 사실 + ④ 원상회복 또는 채무부존재 확인

### 2. 착오취소

① 계약체결 사실 + ② 계약이 착오에 의해 체결된 사실 + ③ 착오대상이 법률행위 중요부분에 속한다는 사실 + ④ 계약취소 의사표시 사실 + ⑤ 원상회복 또는 채무부존재 확인

### 3. 사기·강박을 이유로 한 계약취소

① 계약체결 사실 + ② 계약 의사표시가 상대방의 사기·강박에 의해 이루어진 사실 + ③ 계약취소 의사표시 사실 + ④ 원상회복 또는 채무부존재 확인

## Ⅲ. 원상회복

- 부당이득반환청구
- 전용물소권에 대해서 판례는 부정

| 제8장 | 연대채무자·보증인에 대한 청구 |

## Ⅰ. 보증채무

### 1. 요건사실

① 주채무 발생 + ② 보증계약 체결

### 2. 중요 쟁점

- 주채무가 시효중단될 경우 보증채무도 시효중단되나, 보증채무의 시효중단은 주채무 시효중단에 효력 없음
- 주채무자의 시효이익포기는 보증인에게 효력이 없음(주채무자의 시효이익 포기 관련하여 최근 대법원 판례 유의!)

  대법원 2025. 7. 24. 선고 2023다240299 전원합의체 판결

  > 시효완성 사실을 알면서도 시효이익을 포기하는 의사표시를 하였는지 여부는 일부 변제에 이르게 된 구체적인 동기와 경위 및 자발성, 일부 변제액과 소멸시효가 완성된 채무액 사이의 차이, 일부 변제 당시 시효기간을 도과한 정도, 일부 변제 당시 및 전후의 언동, 당사자들의 관계와 거래지식 및 경험 등 개별 사안에 존재하는 여러 사정을 종합적으로 고려하여 객관적이고 합리적으로 판단하여야 한다.

- 보증채무는 주채무와는 별개의 채무에 해당

# 제9장 사해행위취소의 소

## Ⅰ. 사해행위 취소 부분

### 1. 요건사실

① 피보전채권 발생 + ② 채무자 사해행위 + ③ 채무자 사해의사

### 2. 중요 쟁점

#### (1) 피보전채권 발생

- 원칙적으로 금전채권이나 종류채권도 가능하나, 특정채권은 불가
- 이행기 도래, 조건부, 기한부, 확정여부 불문
- 사해행위 이전에 발생해야 하나, 사해행위 당시 이미 '채권발생의 기초가 되는 법률관계'가 있고, 가까운 장래에 그 법률관계에 기하여 채권이 발생하리라는 '고도의 개연성'이 있으며, '실제로 가까운 장래에 채권이 발생'한 경우에 피보전채권이 될 수 있음
- 채권전액에 우선변제권이 확보되어 있을 경우 피보전채권에 해당하지 아니함
- 피보전채권액이 저당권 등으로 담보되는 금액을 초과할 경우 '초과한 채권액'에 대해서만 채권자취소권이 인정됨
- 피보전채권에 우선변제권 있는지는 '사해성 여부가 문제되는 재산처분행위시'를 기준으로 판단하고, 사해행위 후 채권자다 담보를 제공받음으로써 우선변제권이 확보된 경우에는 '사실심 변론종결시'를 기준으로 채권자취소권 권리행사 범위를 결정함

#### (2) 채무자 사해행위

- 당해 행위로 말미암아 채무자의 적극재산이 감소하거나 소극재산이 증가함으로써 '채무초과상태'에 이르거나, 이미 채무초과상태에 있는 것이 심화된 경우
- 기준시점 : 무자력 상태는 사해행위시를 기준으로 판단하고, 사실심변론종결시까지 유지되어야 함
- 증명책임 : 사해행위 당시에 채무자가 무자력 상태라는 점에 대해서는 원고(채권자)가 주장·증명책임을 부담하고, 이러한 입증이 있으면 사실심변론종결시까지 채무자의 무자력이 추정되므로, '사실심변론종결시 채무자가 무자력 상태에 있지 않는다는 점'에 대해서는 '피고(수익자 등)가 주장·증명책임을 부담함
- 채무발생의 원인행위가 있고 그 이행으로 등기가 이루어진 경우 사해행위 여부에 대한 판단은 '채무 발생의 원인행위시'를 기준으로 하고, 등기시가 기준이 아님
- 가등기에 기하여 본등기를 하는 경우에는, 가등기의 등기원인인 법률행위와 본등기의 등기원인인 법률행위가 명백히 다른 것이 아닌 한, 사해행위 요건의 구비 여부는 '가등기의 원인된 법률행위' 당시를 기준으로 판단함

- 가등기와 본등기의 원인인 법률행위가 다를 경우 사해행위 요건의 구비 여부는 '본등기의 원인인 법률행위'를 기준으로 판단해야 하고, 제척기간의 기산일도 '본등기의 원인인 법률행위가 사해행위임을 안 때'를 기준으로 함
- 채무자가 연속하여 수 개의 재산처분행위시 원칙적으로 '각 행위마다' 그로 인하여 무자력이 초래되었는지 여부에 따라 사해성 여부를 판단하나, 다만, '그 일련의 행위를 하나의 행위로 볼 특별한 사정'이 있는 때에는 이를 일괄하여 전체로서 사해성이 있는지 판단함
- 연대보증인의 사해행위 판단시 : 주채무자 및 제3자 소유 부동산에 대해 채권자 앞으로 근저당권이 설정되어 있는 등으로 채권자에게 우선변제권이 확보되어 있는 경우가 아닌 이상 주채무자 일반적인 자력은 고려요소가 아님

### (3) 채무자 등의 사해의사(=사해행위 당시 기준으로 판단)

- 채무자의 악의
    - (i) 채권의 공동담보에 부족이 생기는 것을 인식하는 것이며, 채권자를 해할 것을 기도하거나 의욕하는 것을 요하지 않음
    - (ii) 일반 채권자에 대한 관계에서 있으면 족하고, 특정채권자를 해한다는 인식이 있어야 하는 것은 아님
    - (iii) 사해행위 당시의 사정을 기준으로 하되 사해행위라고 주장되는 행위 이후의 채무자의 변제 노력과 채권자의 태도 등도 간접사실로 삼을 수도 있음
- 수익자(전득자) 악의
    채무자와 수익자 사이의 법률행위가 채권자를 해한다는 사실, 즉 사해행위의 객관적 요건을 구비하였다는 것에 대한 인식
- 증명책임
    채무자의 악의는 원칙적으로 채권자가 입증해야 하고, 채무자 악의가 입증될 경우 수익자·전득자의 악의는 추정됨

## 3. 사해행위성 판단 (사해행위 당시 부동산 시가 > 피담보채무액 등 우선변제권 채권액)

### (1) 채무자 자신의 채무를 담보하기 위하여 저당권이 설정된 부동산을 처분하는 경우

#### 1) 보통의 근저당권

근저당권 설정시 실제로 이미 발생하여 있는 채권금액을 공제

#### 2) 공동저당

##### (i) 전부 채무자 소유의 수개의 부동산 중 일부 처분시

공동저당권의 목적으로 된 각 부동산의 가액에 비례하여 공동저당권의 피담보채무액을 안분한 금액을 공제, 공동채무자들이 하나의 부동산을 공동소유하면서 전체 부동산에 저당권설정한 후 공유자 1인이 자신의 지분을 처분한 경우에도 동일

공동저당권이 설정된 채무자 소유의 수개의 부동산 전부를 일괄 양도한 경우 공제되어야 하는 피담보채무는 피담보채무 총액

(ii) 채무자 + 타인 소유 부동산의 경우

채무자 소유의 부동산이 부담하는 피담보채권액은 '채무자 소유 부동산의 가액을 한도로 한 공동저당권의 피담보채권액 전액'이고, 물상보증인 소유의 부동산이 부담하는 피담보채권액은 '공동저당권의 피담보채권액에서 채무자 송의 부동산이 부담하는 피담보채권액을 제외한 나머지'이고, 이는 하나의 공유부동산 중 일부 지분이 채무자의 소유이고, 다른 일부 지분이 물상보증인의 소유인 경우에도 동일하게 적용됨

(2) 다른 채권자의 채권에 물상담보로 제공된 채무자 소유 부동산이 처분된 경우

1) 보통의 근저당권

물상담보로 제공된 부분은 채무자의 일반 채권자를 위한 책임재산이라 할 수 없으므로, '물상담보에 제공된 재산 가액에서 다른 채권자가 가지는 피담보채권액을 공제한 잔액'에 대해서만 채무자의 적극재산으로 평가됨

2) 공동저당

(i) 채무자 소유의 수 개의 부동산이 물상담보로 제공된 경우(=사해행위취소의 채무자가 물상보증인이 된 경우)

각 부동산이 부담하는 피담보채권액은 '공동저당권의 목적으로 된 각 부동산의 가액에 비례하여' 공동저당권의 피담보채권액을 안분한 금액

(ii) 수 개의 부동산 중 일부는 '다른 채권자의 채무자' 소유이고, 다른 일부는 사해행위취소의 채무자(=물상보증인)'의 소유인 경우

물상보증인이 채무자에 대하여 구상권을 행사할 수 없는 특별한 사정이 없는 한, '채무자 소유의 부동산이 부담하는 피담보채권액'은 '채무자 소유 부동산의 가액을 한도로 한 공동저당권의 피담보채권액 전액'이고, '물상보증인 소유의 부동산이 부담하는 피담보채권액'은 '공동저당권의 피담보채권액에서 채무자 소유의 부동산이 부담하는 피담보채권액을 제외한 나머지 금액'임. 이러한 법리는 하나의 공유부동산 중 일부 지분이 채무자의 소유이고, 다른 일부 지분이 물상보증인 소유인 경우에도 동일하게 적용됨.

## 4. 구체적 사례

- 우선변제권 있는 임차보증금 반환채권 금액은 공제
- 채무자인 공동임대인 1인이 공유건물 지분을 처분한 행위가 사해행위에 해당할 경우 당해 공유지분이 부담하는 우선변제권 있는 임대차보증금채권의 범위는 임대차보증금 전액임
- 일반채권에 대하여 우선변제권이 있는 조세채권 등에 기초한 압류등기가 마쳐져 있는 경우, 일반채권자의 공동담보에 제공되는 책임재산 산정시 '조세책권액 등'을 공제
- 무상·염가 처분행위는 사해행위에 해당. 단, 채무자가 유일한 부동산을 상당한 대가를 받고 매각한 경우에는 사해행위 해당하지 아니함
- 일부의 채권자와 통모하여 다른 채권자를 해할 의사를 가지고 한 경우가 아닌 한 사해행위 아님

- 대물변제
    **(i) 사해행위 (O)** – 채무초과상태에 있는 채무자가 적극재산을 채권자 중 일부에게 대물변제조로 양도하는 행위는 사해행위에 해당
    **(ii) 사해행위 (X)** – 대물변제로 인해 변제자력이 없게 되더라도 '그 당시 대물변제 목적물이 상당한 가격으로 평가되었을 때'에는 사해행위에 해당하지 아니함. 우선변제권 있는 채권자에 대한 대물변제는 사해행위 아님
- 시효포기 : 사해행위에 해당
- 채권양도 : 무자력 상태에 있는 채무자가 양도시 사해행위에 해당
- 매매예약 : 채무자가 유일한 재산인 부동산에 관한 매매예약에 따른 예약완결권에 제척기간 경과가 임박하여 소멸할 예정인 상태에서 제척기간을 연장하기 위하여 새로 매매예약을 하는 행위는 채무자가 부담하지 않아도 될 채무를 새롭게 부담하게 되는 결과가 되므로 사해행위에 해당함
- 명의신탁

    **(i) 단순명의신탁**

    ⓐ 신탁자가 처분한 경우 (사해행위 O)

    대상 부동산은 '신탁자'의 소유로서, 신탁부동산에 관하여 채무자인 '신탁자'가 직접 자신의 명의 또는 수탁자의 명의로 제3자와 매매계약을 체결하는 등 신탁자가 실질적 당사자가 되어 법률행위를 하는 경우 '신탁자의 일반채권자들'을 해하는 사해행위에 해당할 수 있음

    ⓑ 수탁자가 처분한 경우 (사해행위 X)

    신탁부동산은 명의수탁자의 소유가 아니기 때문에 명의수탁자가 처분한다 하더라도 '채무자(명의수탁자)의 일반채권자들'을 해하는 사해행위에 해당하지 아니함

    **(ii) 제3자간 명의신탁**

    명의수탁자 명의의 소유권이전등기는 무효이므로 채무자(신탁자)의 소유가 아니기 때문에, 채무자가 대상 부동산을 제3자에게 처분하더라도 사해행위에 해당하지 아니함

    **(iii) 계약명의신탁**

    매도인이 '선의'일 경우 명의수탁자는 부동산의 완전한 소유권을 취득하고, 명의신탁자에게 그로부터 제공받은 매수자금 상당액의 부당이득반환의무를 부담함. 명의수탁자가 취득한 부동산은 채무자인 명의수탁자의 일반 채권자들의 공동담보에 제공되는 책임재산이 되고, 명의신탁자는 명의수탁자에 대한 관계에서 금전채권자 중 한 명에 지나지 않으므로, 명의수탁자의 재산이 채무의 전부를 변제하기에 부족한 경우 명의수탁자가 위 부동산을 명의신탁자에게 양도하는 행위는 다른 채권자의 이익을 해하는 것으로서 다른 채권자들에 대한 관계에서 사해행위가 됨
- 이혼에 의한 재산분할
    (i) 이혼에 의한 재산분할은 채권자취소권의 대상이 됨

(ii) 협의 또는 심판에 의하여 구체화되지 않은 재산분할청구권을 포기하는 것은 채권자취소권의 대상이 될 수 없음
- 상속재산분할 : 상속재산분할협의의 결과 '채무자의 구체적 상속분에 상당하는 정도에 미달하는 과소한 결과'가 발생한 경우에 한하여 사해행위취소의 대상이 되고, 취소범위는 '그 미달하는 부분'에 한정됨.

## 5. 항변

(1) 제척기간 도과(제406조 제2항)

1) 제척기간 미준수시 '소각하판결'

2) 기간도과에 관한 증명책임은 채권자취소소송의 상대방에게 있고, 도과 여부가 불분명한 경우 법원은 제척기간이 준수된 것으로 취급

3) 기산점

(i) 취소원인을 안 날로부터 1년
- 단순히 채무자가 재산처분행위를 하였다는 사실을 아는 것만으로는 부족하고, 구체적인 사해행위의 존재를 알고 나아가 채무자에게 사해의 의사가 있었다는 사실까지 알 것을 요함. 사해행위의 객관적 사실을 알았다고 하여 취소원인을 알았다고 추정할 수는 없음
- 대위행사시는 '채무자'를 기준으로 판단

(ii) '채무자와 수익자 사이'의 사해행위가 있는 날로부터 5년 (피고가 전득자인 경우에도 동일)
- 사해행위 취소 청구가 민법 제406조 제2항에 정하여진 기간 안에 제기되었다면 원상회복의 청구는 그 기간이 지난 뒤에도 할 수 있음
- 종전 청구가 제척기간 내에 이루어진 이상 나중에 법률적 평가를 달리하는 주장이 제기되더라도 나중의 주장이 제척기간을 도과한 부적법한 청구가 되는 것은 아님
- 소장에서 주장하였던 피보전권리가 소송 계속 중 변제로 인하여 소멸한 후 원고가 새로운 피보전권리를 주장할 때 1년의 제척기간이 경과하였다 하더라도 그 소가 부적법하게 되는 것은 아님
- 전득자를 상대로 제기한 신소가 제척기간 도과하였을 경우, '수익자를 상대로 한 전소 제기'로써 전득자를 상대로 후소의 제척기간 도과 흠결이 치유되는 것은 아님

(2) 권리보호이익 상실
- 사해행위취소·원상회복을 구하는 소송계속 중 '사해행위가 해제(해지)되어 목적부동산이 채무자에게 복귀한 경우' 소송의 목적은 실현되어 권리보호이익이 없음
- 소송이 제기되기 전 사해행위취소로 복귀를 구하는 재산이 채무자에게 복귀한 경우도 동일함
- 다만, (i) 근저당권설정행위가 사해행위에 해당하지만, 근저당권에 기해 경매절차가 진행되어 매수인이 소유권을 취득하고 근저당권설정등기가 말소된 경우, (ii) 사해행위로 인한 근

저당권 실행으로 경매절차가 진행되던 중 부동산을 매각하여 그 매각대금으로 근저당권자인 수익자에게 임의변제함으로써 근저당권이 말소된 경우, (iii) 이미 해지된 근저당권설정계약의 사해행위성 여부에 따라 후행 양도계약의 사해행위성 여부가 결정되는 경우 등에는 권리보호이익 인정

### (3) 기판력 및 중복제소금지

① **채무자의 동일한 사해행위에 대해서 단지 "보전하고자 하는 채권을 추가하거나 교환하는 경우**

사해행위취소권과 원상회복청구권을 이유 있게 하는 '공격방법에 관한 주장을 변경'하는 것에 불과하여 소송물 자체를 변경하는 것은 아님. 따라서 채권자가 보전하고자 하는 채권을 달리하여 동일한 법률행위의 취소 및 원상회복을 구하는 채권자취소의 소를 이중으로 제기하는 경우 후소가 중복제소에 해당하여 '각하'될 수 있음.

② **수인의 채권자가 중복하여 채권자취소소송을 제기한 경우**

각 채권자는 고유한 권리로서 사해행위취소소송을 제기할 수 있으므로, 중복제소에 해당하지 아니하고, 다른 채권자가 승소확정판결을 받더라도 그 후 제기된 또 다른 채권자의 소송은 권리보호이익 있음

다만, 다른 채권자가 승소확정에 기해 '재산이나 가액의 회복을 마친 경우' 다른 채권자의 채권자취소 및 원상회복청구는 '그와 중첩되는 범위 내에서'는 권리보호이익이 없음

### (4) 피보전채권의 소멸시효 완성 항변

- 수익자 또는 전득자는 피보전채권의 소멸시효완성을 원용할 수 있으므로, **시효중단 사유 검토할 것!**


## Ⅱ. 원상회복 부분

### 1. 원상회복의 방법

(1) 원칙 : 원물반환

(2) 예외 : 가액배상 - 원물반환이 불가능하거나 현저히 곤란한 경우

### 2. **가액배상의 범위** (피보전채권액 vs 일반채권자에게 제공된 책임재산 부족액 vs 수익자(전득자)가 취득한 이득 중 적은 금액)

(1) **피보전채권액** - 사해행위 당시 채권자의 피보전채권액 + 사실심변론종결시까지 발생한 이자 및 지연손해금

(2) **책임재산(공동담보) 부족액** - 사해행위성 파트 참조

(3) **수익자(전득자)의 이익** - 통상 공동담보 부족액과 일치함

## 3. 채권자 혹은 수익자가 여러명인 경우의 가액배상의 범위

(1) 채권자가 여러 수익자를 상대로 수개의 사해행위취소소송을 제기한 경우

- 수익자들을 공동피고로 제소시 : 각 수익자들이 부담하는 원상회복금액을 합산한 금액이 채권자의 피보전채권액을 초과하더라도 '각 수익자가 반환하여야 할 가액 범위 내에서 채권자의 피보전채권 전액의 반환'을 명하여야 함
- 각 수익자들을 상대로 별소 제기시 : 채권자가 어느 수익자에 대해 사해행위취소 등을 소구하여 승소확정판결을 받아도 그에 기해 재산이나 가액의 회복을 마치지 아니하면 채권자는 자신의 피보전채권에 기해 다른 수익자에 대해 별도로 사해행위취소 등 소구 가능하고, 위 여러 개의 소송이 계속중인 경우 각 소송에서 채권자의 청구에 따라 사해행위의 취소 등을 명하는 판결을 선고하여야 하며, 가액배상시에도 '수익자가 반환하여야 할 가액 범위 내에서 채권자의 피보전채권 전액의 반환'을 명하여야 함

(2) 수인의 채권자가 채무자의 동일행위에 대해 수개의 사해행위취소소송을 제기한 경우

- 수익자가 반환하여야 할 가액 범위 내에서 각 채권자의 피보전채권액 전액의 반환을 명하여야 함(채권자의 채권액에 비례하여 안분 범위 내 X)
- 수인의 채권자가 제기한 각 소가 병합된 경우에도 동일

| 제10장 | 전부금·추심금 청구 |

## I. 전부금 청구

### 1. 요건사실

① 피압류채권(피전부채권) 존재 + ② 전부명령 + ③ 제3채무자 및 채무자에 대한 송달·확정

### 2. 중요 쟁점

(1) 피압류채권(피전부채권)의 존재

- 피압류채권(피전부채권)이 발생하였을 것

(2) 전부명령

(3) 제3채무자 및 채무자에 대한 송달·확정

- 전부명령은 확정될 경우 '제3채무자의 송달시'로 소급하여 효력이 발생함(민사집행법 제231조)

### 3. 항변

(1) 피압류채권(피전부채권)에 대한 항변

 1) 피압류채권의 부존재·소멸

 2) 피압류채권이 '임대차보증금반환채권'인 경우

- 임대차보증금반환채권에 대한 전부명령이 있더라도 임차인의 반대채무를 전부 공제한 잔액에 대해서만 유효하고, 제3채무자(임대인)는 반대채무(연체차임 등)의 발생사실을 주장·증명하여 공제 주장 가능
- 전부명령 송달 '이전'에 임대인과 임차인 사이에 임대차기간 연장합의 또는 임대차계약을 갱신하기로 하는 합의가 있을 경우 그 사유로써 전부채권자에게 대항 가능

 3) 피전부채권이 '양도성 없는 채권'이라는 항변

- 상계금지채권 또한 압류금지채권에 해당하지 않는 한 전부명령의 대상임
- 당사자의 약정으로 양도금지특약을 한 채권은 압류채권자의 선·악 불문하고 전부명령 대상임

(2) 전부명령에 대한 항변

 1) 항변

- 전부명령이 제3채무자에게 송달된 시점까지 (가)압류가 경합하거나 배당요구가 없을 것
- 같은 채권에 대하여 중복하여 압류 등이 되었더라도 각 집행채권액의 총액이 피압류채권액보다 적을 경우 피압류채권의 일부에 대하여 한 전부명령은 유효함

- (가)압류 경합으로 인하여 전부명령이 무효인 경우, 나중에 압류경합 상태가 해소되어도 전부명령이 되살아나지 아니함. 다만, 이러한 경우 '압류명령'까지 무효가 되는 것은 아니므로 이에 터잡아 '추심명령'을 신청하거나 경합상태가 해소된 후 다시 '전부명령'을 신청하는 것은 가능
- (가)압류로 인한 소멸시효 중단효 또한 유효

   2) 재항변

- 신청 당시 집행채무자가 사망할 경우, 당연 무효의 가압류에 해당하여 소멸시효 중단사유에 해당하지 아니함

(3) 집행채권의 부존재·소멸은 항변사유에 해당하지 아니하고 집행채무자가 '청구이의의 소'를 통해서 다투어야 함

(4) 상계 항변 가능(민법 제498조)

## Ⅱ. 추심금 청구

### 1. 요건사실

① 피압류채권(추심채권) 존재 + ② 추심명령 ③ 제3채무자에 대한 송달

### 2. 중요 쟁점

- 추심명령의 경우 제3채무자에게 송달된 때 바로 효력이 발생하고 '추심명령의 확정사실'은 요건사실에 해당하지 아니함
- 동일채권에 대하여 추심명령이 여러 번 발부되더라도 순위의 우열관계는 없음

### 3. 항변

(1) 피압류채권(추심채권)에 대한 항변

- (가)압류명령 송달 전에 채무자에게 변제한 경우
- (가)압류명령 송달 전후를 불문하고 추심채권자에게 변제한 경우
- 상계(민법 제498조)

(2) 추심명령에 대한 항변

- 제3채무자가 추심명령에 대하여 즉시항고를 하여 추심명령이 취소되었다거나 추심채권자가 추심명령 신청을 취하하였다고 주장하는 것은 본안 전 항변에 해당함

(3) 집행채권의 부존재·소멸에 대한 항변

- 집행채무자가 '청구이의의 소'에서 주장할 사유이고, 추심의 소에서 제3채무자가 주장하여 채무의 변제를 거절할 수는 없음

# 제11장 어음금·수표금 청구

## Ⅰ. 발행인에 대한 청구

### 1. 청구원인

① 피고의 어음발행 + ② 어음상 권리의 원고귀속 + ③ 원고의 어음소지 + ④ 지급제시사실 (법정이자 소구시)

### 2. 중요 쟁점

- 어음요건 흠결시 발행인인 피고에게 그 어음이 백지어음이 아닌 '불완전어음으로서 무효라는 점'에 관한 증명책임이 있으므로, 어음소지인은 변론종결시까지 어음요건을 보충하여 어음을 완성한 사실만 주장·증명하면 됨
- 어음위조의 주장은 성격상 '부인'에 해당하여 어음소지인이 그 기명날인의 진정함을 증명해야 함
- 발행이 대리인에 의하여 행하여진 경우, 대리인이 본인인 피고를 위한 것임을 표시하고 대리인의 이름을 기명날인한 사실 + 피고가 대리인에게 당해 어음의 발행에 관한 대리권을 수여한 사실을 주장·증명해야 함
- 선의취득 : 무권리자로부터 취득한 사실 + 배서 등 어음법적 유통방법에 의하여 어음을 취득한 사실 + 양도인에 대하여 배서연속에 의한 권리외관이 있는 사실만 주장·증명하면 됨
- 법정이자 청구시 만기일부터 법정이자를 소구할 경우 지급제시기간 내에 적법하게 어음을 지급제시한 사실을 주장·증명해야 함

### 3. 항변

#### (1) 어음 항변

##### 1) 인적 항변

- 원인관계의 부존재·무효·취소·해제 항변, 어음행위를 이루는 의사표시의 하자 항변, 어음 문면상에 나타나지 않는 특약에 기한 항변, 어음에 기재하지 아니한 어음상 권리소멸의 항변 등
- 숨은 추심위임배서의 항변
- 기한후 배서 : 지명채권양도의 효력밖에 없으므로 어음채무자는 '배서 당시 이미 발생한 배서인에 대한 항변사실'을 가지고 피배서인에게 대항 가능

##### 2) 물적 항변

- 모든 어음채권자에 대해서 그 자의 선·악을 불문하고 대항 가능

### (2) 백지어음 항변

#### 1) 백지보충권 남용

- 백지어음 부당보충 항변
- 백지보충권 시효소멸 : 원고가 백지보충권 소멸시효기간(어음 3년, 수표 6월)이 경과한 후 백지어음을 보충한 사실을 주장·증명
- 원고가 어음을 취득한 후 원고 스스로 어음상의 권리를 행사할 수 있는 때로부터 새로이 소멸시효기간이 경과하기 전에 보충한 경우, 피고는 원고가 보충하기 전에 이미 백지보충권의 소멸시효기간이 경과한 사실 및 취득 당시 원고에게 악의·중과실이 있는 사실을 주장·증명해야 함

### (3) 융통어음 항변

- 발행자는 피융통자에 대해서 어음상 책임을 부담하지 않으나, 융통어음을 양수한 제3자에 대해서는 선·악을 불문(기한후 배서에 의한 경우에도)하고 대항 불가

### (4) 후자의 항변

- 판례는 후자의 항변을 긍정한 사례와 권리남용으로 보아 부정한 사례 모두 존재

### (5) 이중무권 항변

- 어음이 甲 → 乙 → 丙으로 순차양도된 경우, 甲 - 乙 사이 및 乙 - 丙 사이의 원인관계가 무효·취소·소멸된 경우 어음채무자 甲이 어음소지인 丙의 청구에 대하여 원인관계의 이중적 흠결을 이유로 항변사유로 대항하는 것으로서, 판례는 긍정하고 있음

## II. 배서인에 대한 청구

### 1. 요건사실

① 피고의 어음배서 + ② 어음상 권리의 원고귀속 + ③ 적법한 지급제시·지급거절·지급거절증서의 작성 + ④ 원고의 어음소지

### 2. 중요 쟁점

- 만기에 지급거절된 사실은 지급거절증서에 의해서만 증명해야 하고, 지급거절증서는 그 법정기간 내에 작성해야 함
- 지급거절증서 작성이 면제된 경우에 제시기간 내에 지급제시한 것으로 추정됨

### 3. 항변

- 발행인에 대한 항변 그대로 적용 가능

# High-End 민사기록형

## 제4편
# 청구취지 및 사례연습

# Ⅰ. 소비대차, 이자, 지연손해금, 소멸시효, 연대보증 등

■ 소비대차, 이자, 지연손해금, 소멸시효 ■

**[1문]**

상인인 원고 甲은 2020. 1. 1. 피고 乙에게 1,000만원을 이자 연 5%(변제기에 일시 지급), 변제기 2020. 12. 31., 지연손해금 연 6%로 정하여 대여하였다. 피고 乙은 전혀 변제하지 않았고, 피고 乙은 소멸시효 완성을 주장하였다. 소 제기일은 2025. 10. 1.이다.

## 가. 사안의 경우 청구취지는 어떻게 되는가?

### 1) 원금만 명시한 한 경우의 청구취지

피고 乙은 원고 甲에게 1,000만원 및 이에 대하여 2020. 1. 1.부터 2020. 12. 31.까지는 연 5%의, 2021. 1. 1.부터 이 사건 소장 부본 송달일까지는 연 6%의, 그 다음날부터 다 갚는 날까지는 연 12%의 각 비율로 계산한 돈을 지급하라.

(※해설 – 이자는 변제기에 일시 지급하기로 하였으므로 2020. 12. 31.부터 5년의 상사시효가 적용되는데 소 제기일까지 5년이 경과하지 않았다. 연 6%는 약정 지연손해금, 연 12%는 소송촉진등에관한특례법 소정의 지연손해금).

### 2) 이자 합산액을 명시한 경우의 청구취지

피고 乙은 원고 甲에게 1,335만원 및 그 중 1,000만원에 대하여 2025. 10. 1.부터 이 사건 소장 부본 송달일까지는 연 6%의, 그 다음날부터 다 갚는 날까지는 연 12%의 각 비율로 계산한 돈을 지급하라

※해설 – 소제기시까지 이자 50만원 및 지연손해금 285만원(월 5만원×57개월) 합계 335만원을 합산하여 청구하는 방식임 – **실수할 수 있으므로 가능한 상술한 1) 방식에 의하여 청구취지를 작성하는 것이 수험적으로 유리함.**

## 나. 이자를 매월 말일에 지급하기로 한 경우는?

피고 乙은 원고 甲에게 1,000만원 및 이에 대하여 2021. 1. 1.부터 이 사건 소장 부본 송달일까지는 연 6%의, 그 다음날부터 다 갚는 날까지는 연 12%의 각 비율로 계산한 돈을 지급하라.

※해설 – 이자를 매월 말일에 지급하기로 하였다면 이자는 모두 민법 제163조 제1호의 3년의 소멸시효 기간이 경과하여 시효소멸하였다. 그러나 지연손해금은 원금과 같이 상사시효 5년이 적용되어 시효소멸하지 않았다.

다. 위 [1문] 사안에서 추가로 원고 甲이 2021. 1. 1. 피고 乙에게 500만원을 이자 연 5%(변제기에 일시 지급), 2021. 12. 31.로 정하여 대여하였다면 이 경우의 청구취지는 어떻게 되는가

피고 乙은 원고 甲에게 1,500만원 및 그 중 1,000만원에 대하여는 2020. 1. 1.부터 2020. 12. 31.까지는 연 5%의, 그 다음날부터 이 사건 소장 부본 송달일까지는 연 6%의, 500만원에 대하여는 2021. 1. 1.부터 2021. 12. 31.까지는 연 5%의, 그 다음 날부터 이 사건 소장 부본 송달일까지는 연 6%, 각 그 다음날부터 다 갚는 날까지는 연 12%의 각 비율로 계산한 돈을 지급하라.

※해설 - 500만원에 대한 연 5%는 2021. 12. 31.까지는 약정 이율, 그 다음날부터 소장 송달일까지는 법정이율에 의한 지연손해금이다.

라. 위 [1문] 사안에서

(1) 甲에 대하여 금 2억원을 대여한 丙이 있는데 甲은 乙에 대한 위 채권 이외에 무자력이라면 丙은 乙에 대하여 직접 청구할 수 있는가.

원고 丙은 甲을 대위하여 乙을 상대로 원고 丙에게 직접 위 채무를 이행할 것을 청구할 수 있다(집행채무자의 채권자가 그 집행채권자를 상대로 부당이득금 반환채권을 대위 행사하는 경우 집행채무자에게 그 반환의무를 이행하도록 청구할 수도 있지만, 직접 대위채권자에게 이행하도록 청구할 수도 있다고 보아야 하는데, 이와 같이 채권자대위권을 행사하는 채권자에게 변제수령의 권한을 인정하더라도 그것이 채권자 평등의 원칙에 어긋난다거나 제3채무자를 이중 변제의 위험에 빠뜨리게 하는 것이라고 할 수 없다.-대법원 2005. 4. 15. 선고 2004다70024 판결)

(2) 丙이 甲의 乙에 대한 채권을 가압류(또는 압류)하였다면 위 가.항의 청구취지는 어떻게 되는가. 丙이 위 채권에 대하여 압류 및 추심명령을 받았다면, 압류 및 전부명령을 받았다면 각각 어떻게 되는가.

① 채권가압류(또는 압류)가 있어도 甲의 청구 지장 없음(전부승소 가능-집행을 할 수는 없음)
② 압류 및 추심명령의 경우는 채무자인 甲은 당사자 적격 상실로 乙을 상대로 소 제기 할 수 없음(소 제기하면 소 각하)
③ 압류 및 전부명령의 경우는 甲의 乙에 대한 채권이 丙에게 이전(양도)되어 甲은 소 제기 할 수 없음(소 제기하면 甲의 청구 기각).

(3) 위 (2)에서 甲의 다른 채권자 丁이 甲의 乙에 대한 채권을 양도받았다면 丙과 丁의 우열관계는 어떻게 되는가(경우의 수에 따라 언급).
- 확정일자 있는 증서에 의한 채권 양도 통지의 채무자인 乙에 대한 도달일시 또는 乙의 확정일자 있는 증서에 의한 채권 양도 승낙 일시와 위 가압류 등의 제3채무자 乙에 대한 송달일시 비교하여 결정. 乙의 이의 보류 없는 승낙은 채권의 귀속과 무관.

(4) 위 (2)에서 甲의 乙에 대한 채권을 가압류(또는 압류, 또는 압류 및 추심명령)하여 乙에게 송달된 이후 甲의 다른 채권자 丁이 甲의 乙에 대한 채권을 양도받아 확정일자로 통지하였다면 丁의 乙에 대한 청구는 어떻게 되는가.

가압류, 압류의 경우에는 전부 승소, 압류 및 추심명령의 경우는 각하

> **중요판례** 대법원 2002. 4.26. 선고 2001다59033 판결
>
> 채권양도는 구 채권자인 양도인과 신 채권자인 양수인 사이에 채권을 그 동일성을 유지하면서 전자로부터 후자에게로 이전시킬 것을 목적으로 하는 계약을 말한다 할 것이고, 채권양도에 의하여 채권은 그 동일성을 잃지 않고 양도인으로부터 양수인에게 이전된다 할 것이며, 가압류된 채권도 이를 양도하는데 아무런 제한이 없다 할 것이나, 다만 가압류된 채권을 양수받은 양수인은 그러한 가압류에 의하여 권리가 제한된 상태의 채권을 양수받는다고 보아야 할 것이고, 이는 채권을 양도받았으나 확정일자 있는 양도통지나 승낙에 의한 대항요건을 갖추지 아니하는 사이에 양도된 채권이 가압류된 경우에도 동일하다.

> **중요판례** 대법원 2005. 11. 10. 선고 2005다41818 판결
>
> 채권양도는 구 채권자인 양도인과 신 채권자인 양수인 사이에 채권을 그 동일성을 유지하면서 전자로부터 후자에게로 이전시킬 것을 목적으로 하는 계약을 말한다 할 것이고, 채권양도에 의하여 채권은 그 동일성을 잃지 않고 양도인으로부터 양수인에게 이전되며, 이러한 법리는 채권양도의 대항요건을 갖추지 못하였다고 하더라도 마찬가지인 점, 민법 제149조의 "조건의 성취가 미정한 권리의무는 일반규정에 의하여 처분, 상속, 보존 또는 담보로 할 수 있다."는 규정은 대항요건을 갖추지 못하여 채무자에게 대항하지 못한다고 하더라도 채권양도에 의하여 채권을 이전받은 양수인의 경우에도 그대로 준용될 수 있는 점, 채무자를 상대로 재판상의 청구를 한 채권의 양수인을 '권리 위에 잠자는 자'라고 할 수 없는 점 등에 비추어 보면, 비록 대항요건을 갖추지 못하여 채무자에게 대항하지 못한다고 하더라도 채권의 양수인이 채무자를 상대로 재판상의 청구를 하였다면 이는 소멸시효 중단사유인 재판상의 청구에 해당한다고 보아야 한다

---

■ **소비대차, 이자, 지연손해금, 소멸시효** ■

**[2문]**

원고 甲은 2020. 1. 1. 乙에게 7,000만원을 이자 연 5%, 지연손해금 연 6%, 변제기 2021. 12. 31.로 정하여 대여하였다. 丙은 위 채무를 연대보증하였다. 그런데 乙이나 丙이 위 채무를 전혀 이행하지 않은 채 乙이 2023. 1. 1. 사망하고 그 처인 丁, 아들인 戊, 딸인 己(미성년자)가 공동상속하였다.

**가. 이 경우 청구취지는 어떻게 되는가. 피고 己의 법정대리인 표시는 어떻게 되는가.**

1) 청구취지

원고에게, 피고 丙은 70,000,000원, 피고 丙과 연대하여 위 돈 중 피고 丁은 30,000,000원, 피고 戊, 피고 己는 각 20,000,000원 및 위 각 돈에 대하여 2020. 1. 1.부터 2021. 12. 31.까지

는 연 5%의, 그 다음날부터 이 사건 소장 부본 송달일까지는 연 6%의, 그 다음날부터 다 갚는 날까지는 연 12%의 각 비율로 계산한 돈을 각 지급하라.

2) 피고 己의 법정대리인 표시
피고 己
미성년자이므로 법정대리인 친권자 모 피고 丁

**나. [2문]에서,**

(1) 이자가 연 15%이고 지연손해금 약정이 없다면 청구취지는 어떻게 되는가.

원고에게, 피고 丙은 70,000,000원, 피고 丙과 연대하여 위 금원 중 피고 丁은 30,000,000원, 피고 戊와 피고 己는 각 20,000,000원 및 위 각 금원에 대하여 2020. 1. 1.부터 다 갚는 날까지 연 15%의 비율로 계산한 돈을 각 지급하라.

※해설 – 이자 약정만 있고 지연손해금 약정이 없어도 위에서 본 바와 같이 지연손해금 비율은 약정 이율에 의함. 연 15%가 소송촉진등에관한특례법 소정의 12%의 비율을 초과하므로 위 12%를 적용하지 않음.

(2) 나아가 이자 및 지연손해금의 약정이 없다면 어떻게 되는가.

원고에게, 피고 丙은 70,000,000원, 피고 丙과 연대하여 위 금원 중 피고 丁은 30,000,000원, 피고 戊와 피고 己는 각 20,000,000원 및 위 각 금원에 대하여 2022. 1. 1.부터 이 사건 소장 부본 송달일까지는 연 5%의, 그 다음날부터 다 갚는 날까지는 연 12%의 각 비율로 계산한 돈을 각 지급하라.

※해설 – 이자는 청구할 수 없고 민법 제379조의 민사법정 이율인 연 5%의 지연손해금 청구 가능. 참고로 변제기의 정함도 없다면 甲은 민법 제603조에 따라 채무자에게 상당한 기간을 정하여 반환을 최고하여야 하고, 그 최고기간 경과한 다음날부터 채무자는 지연손해금 책임을 진다.

(3) 또한 이자 및 지연손해금 약정이 없고 상인인 甲이 乙에게 영업과 관련하여 위 돈을 대여하였다면 어떻게 되는가.

원고에게, 피고 丙은 70,000,000원, 피고 丙과 연대하여 위 금원 중 피고 丁은 30,000,000원, 피고 戊와 피고 己는 각 20,000,000원 및 위 각 금원에 대하여 2020. 1. 1.부터 이 사건 소장 부본 송달일까지는 연 6%의, 그 다음날부터 다 갚는 날까지는 연 12%의 각 비율로 계산한 돈을 각 지급하라.

※해설 – 상법 제54조(상사법정이율)상행위로 인한 채무의 법정이율은 연 6푼으로 한다. 상법 제55조(법정이자청구권) (1) 상인이 그 영업에 관하여 금전을 대여한 경우에는 법정이자를 청구할 수 있다. (2) 상인이 그 영업범위 내에서 타인을 위하여 금전을 체당하였을 때에는 체당한 날 이후의 법정이자를 청구할 수 있다.

(4) [2문]에서 이자 연 2%이고 지연손해금 약정이 없다면 어떻게 되는가.

원고에게, 피고 丙은 70,000,000원, 피고 丙과 연대하여 위 금원 중 피고 丁은 30,000,000원, 피고 戊와 피고 己는 각 20,000,000원 및 위 각 금원에 대하여 2020. 1. 1.부터 이 사건 소장 부본 송달일까지는 연 2%의, 그 다음날부터 이 사건 소장부본 송달일까지는 연 5%의, 그 다음날부터 다 갚는 날까지는 연 12%의 각 비율로 계산한 돈을 지급하라.

※해설 – 이자가 연 5%에 미달하므로 지연손해금은 법정이율인 연 5%를 청구할 수 있다. 그러나 지연손해금도 연 2%로 약정하였다면 2020. 1. 1.부터 소장 부본 송달일까지 연 2% 청구 가능)

다. 위 사안을 일부 변경하여, 원고 甲은 2020. 1. 1. 乙에게 7,000만원을 이자 연 5%, 지연손해금 연 6%, 변제기 2021. 12. 31.로 정하여 대여하였다. 丙과 丁은 위 채무를 연대보증하였다. 그런데 乙이나 丙, 丁이 위 채무를 전혀 이행하지 않은 채 乙이 2023. 1. 1. 사망하고 그 아들인 戊, 딸인 己가 공동상속하였다면 청구취지는 어떻게 되는가

원고에게, 피고 丙, 丁은 연대하여 70,000,000원, 위 피고들과 연대하여 위 금원 중 피고 戊, 己는 각 35,000,000원 및 위 각 돈에 대하여 2020. 1. 1.부터 2021. 12. 31.까지는 연 5%의, 그 다음날부터 이 사건 소장 부본 송달일까지는 연 6%의, 그 다음날부터 다 갚는 날까지는 연 12%의 각 비율로 계산한 돈을 지급하라.

라. 위 사안에서 甲이 2013. 2. 1. 위 채권을 경에게 양도하고 내용증명 우편으로 乙에게 통지하였으나 丙에게 통지하지 않았다면 어떻게 되는가.

피고 丙 대한 통지 없어도 丙에 대한 보증채권은 경에게 양도되어 원고를 경으로 고치면 된다(보증채무는 주채무에 대한 부종성 또는 수반성이 있어서 주채무자에 대한 채권이 이전되면 당사자 사이에 별도의 특약이 없는 한 보증인에 대한 채권도 함께 이전하고, 이 경우 채권양도의 대항요건도 주채권의 이전에 관하여 구비하면 족하고, 별도로 보증채권에 관하여 대항요건을 갖출 필요는 없다(대법원 2002. 9. 10. 선고 2002다21509 판결).

**중요판례** 대법원 2002. 9. 10. 선고 2002다21509 판결

주채권과 보증인에 대한 채권의 귀속주체를 달리하는 것은, 주채무자의 항변권으로 채권자에게 대항할 수 있는 보증인의 권리가 침해되는 등 보증채무의 부종성에 반하고, 주채권을 가지지 않는 자에게 보증채권만을 인정할 실익도 없기 때문에 주채권과 분리하여 보증채권만을 양도하기로 하는 약정은 그 효력이 없다.

마. 위 사안에서 甲이 2014. 1. 1. 사망하고 그 처인 A, 아들인 B(미성년자)가 공동속하였으며, 乙은 사망하지 않았다면 청구취지는 어떻게 되는가.

피고들은 연대하여 원고 A에게 42,000,000원, 원고 B에게 28,000,000원 및 위 각 돈에 대하여 2020. 1. 1.부터 2021. 12. 31.까지는 연 5%, 그 다음날부터 이 사건 소장 부본 송달일까지는 연 6%의, 그 다음날부터 다 갚는 날까지는 연 12%의 각 비율로 계산한 돈을 각 지급하라.

> **중요판례** 대법원 2015. 6. 27. 선고 2015다23372 판결
>
> '보증인 보호를 위한 특별법' 제3조 제1항은 "보증은 그 의사가 보증인의 기명날인 또는 서명이 있는 서면으로 표시되어야 효력이 발생한다."고 정한다. 이와 같이 보증의 의사표시에 보증인의 기명날인 또는 서명이 있는 서면을 요구하는 것은, 한편으로 그 의사가 명확하게 표시되어서 보증의 존부 및 내용에 관하여 보다 분명한 확인수단이 보장되고, 다른 한편으로 보증인으로 하여금 가능한 한 경솔하게 보증에 이르지 아니하고 숙고의 결과로 보증을 하도록 하려는 취지에서 나온 것이다. 따라서 보증의 의사표시에 관하여 법률행위의 해석에 관한 일반 법리가 적용됨은 물론이나, 거기에서 더 나아가 위의 법규정이 정하는 방식이 준수되었는지 여부는 위와 같은 취지를 충족하는지 여부에 좇아 판단할 것이다. 그리고 이를 판단함에 있어서는 작성된 서면의 내용 및 그 체제 또는 형식, 보증에 이르게 된 경위, 주채무의 종류 또는 내용, 당사자 사이의 관계, 종전 거래의 내용이나 양상 등을 종합적으로 고려할 것이다. 그렇다면 위 법규정이 '보증의 의사'가 일정한 서면으로 표시되는 것을 정할 뿐이라는 점 등을 고려할 때, 작성된 서면에 반드시 '보증인' 또는 '보증한다'라는 문언의 기재가 있을 것이 요구되지는 아니한다고 봄이 상당하다. [2] '보증인 보호를 위한 특별법' 제4조 전단은 "보증계약을 체결할 때에는 보증채무의 최고액을 서면으로 특정"할 것을 요구한다. 이는 위 법률 제3조 제1항과도 조응하여 보증인이 보증을 함에 있어서 자신이 지게 되는 법적 부담의 주요한 내용을 미리 예측할 수 있도록 하려는 것으로 이해된다. 따라서 확정된 주채무에 관한 채권증서에 보증인이 기명날인 또는 서명하는 방식으로 보증의 의사를 표시한 일반 보증의 경우에 그 서면에 주채무자가 부담하는 원본채무의 금액이 명확하게 기재되어 있다면 다른 특별한 사정이 없는 한 이로써 위 법률 제4조 전단의 요건은 적법하게 충족되었다고 볼 것이고, 그 외에 이자 또는 지연손해금 등과 같은 종된 채무에 관하여 별도로 그 액을 특정할 것이 요구되지는 아니한다.

## ■ 변제충당 ■

> **[3문]**
>
> 甲이 2022. 3. 1. 乙에게 5,000만원을 이자 월 1%(변제기 일시 지급), 변제기 2022. 4. 30.로 정하여 대여하였고, 2022. 4. 1. 다시 4,000만원을 이자 월 1.5%(변제기 일시 지급), 변제기 2022. 5. 30.로 정하여 대여하였다. 丙은 위 각 채무 중 2022. 3. 1.자 채무를 연대보증하였다. 아래 각 경우에 해당하는 청구취지를 작성하고, 아래 마.항에 관하여 변제충당 부분에 관한 청구원인을 작성하시오.

가. 乙은 2022. 8. 31. 甲에게 43,000,000원을 지급하면서 위 4. 1.자 변제에 충당하기로 합의하였다.

피고들은 연대하여 원고에게 50,000,000원 및 이에 대하여 2022. 3. 1.부터 다 갚는 날까지 연 12%의 비율로 계산한 돈을 지급하라.

나. 위 가.항에서 乙은 4. 1.자 채무 변제에 충당할 것을 지정하는 의사표시를 하였고, 이에 대하여 甲은 이의를 제기하였다.

1. 원고에게,

가. 피고들은 연대하여 50,000,000원 및 이에 대하여 2022. 9. 1.부터 다 갚는 날까지 연 12%의 비율로 계산한 돈을,
나. 피고 乙은 3,0000,000원 및 이에 대하여 2022. 9. 1.부터 다 갚는 날까지 연 18%의 비율로 계산한 돈을,
   각 지급하라

※해설 – 2022. 8. 31까지의 3.1.자 채무의 이자 및 지연손해금 300만원과 4.1.자 채무의 이자 및 지연손해금 300만원의 합계 600만원에 먼저 충당하고 나머지 3,700만원을 4,000만원 채무에 충당하면 300만원이 남게 됨. 甲의 이의 제기는 허용되지 않음.

다. 위 가.항에서 乙은 충당할 채무를 지정하지 않았다(甲도 충당채무를 지정하지 않았다).
나.항과 같음(이자, 지연손해금에 먼저 충당하고 나머지는 변제이익이 많은 4,000만원 채무에 충당)

라. 위 다.항에서 甲이 수령 즉시 3. 1자 채무의 원금에 충당할 것을 지정하는 의사표시를 하였다.

1. 원고에게,
  가. 피고들은 연대하여 13,000,000원 및 이에 대하여 2022. 9. 1.부터 다 갚는 날까지 연 12%의 비율로 계산한 돈을,
  나. 피고 乙은 40,000,000원 및 이에 대하여 2022. 9. 1.부터 다 갚는 날까지 연 18%의 비율로 계산한 돈을,
     각 지급하라

(※ 민법 제479조의 이자, 지연손해금 합계 위 600만원에 먼저 충당하고 나머지는 지정한 3. 1.자 원금 5,000만 순으로 충당).

마. 위 라.항에서 乙은 위 甲의 지정충당에 대하여 즉시 이의를 제기하였다.
나.항, 다.항과 같음.

청구원인 중 충당 부분 : 피고 乙은 2022. 8. 31. 원고에게 변제조로 43,000,000원을 지급하면서 충당할 채무를 지정하지 아니하자, 원고가 이를 위 2022. 3. 1.자 채무의 원리금 변제에 먼저 충당하겠다는 의사표시를 하였으나, 피고 乙이 원고의 위와 같은 지정에 대하여 즉시 이의하였으므로 원고의 위 지정 충당은 효력이 없다 할 것이고 한편 위 금원의 지급으로 피고 乙의 채무를 모두 소멸시키기에 부족함은 계산상 명백하여 위 금원은 법정변제충당의 순서에 따라 충당되어야 할 것입니다. 그러므로 위 금원은 민법 제479조, 제477조에 의하여 위 각 채무의 이자 및 지연손해금의 합계 금 6,000,000원{(5,000만원x0.01x6)+ (4,000만원x0.015x5)} 채무의 변제에 먼저 충당되고 잔액 3,700만원은 변제이익이 많은 위 2013. 4. 1.자 채무의 원본에 충당되었다 할 것입니다.

## ■ 변제충당 ■

**[4문]**

甲이 2022. 3. 1. 乙에게 2,000만원을 이자 월 1%(변제기 일시 지급), 변제기 2022. 4. 30.로 정하여 대여하였고, 甲은 2022. 4. 1. 다시 乙에게 1,000만원을 이자 월 1.5%(변제기 일시 지급), 변제기 2022. 5. 31.로 정하여 대여하였다. 丙은 乙의 위 각 채무 중 2022. 3. 1.자 채무를 위 차용 당시 연대보증하였다. 乙은 2022. 5. 31. 甲에게 500만원을 변제조로 지급하였으나 甲과 乙은 충당할 채무를 지정하지 않았다. 甲은 2023. 2. 1. 사망하고 처인 丁과 아들인 戊가 남았다. 丁과 戊가 乙과 丙에게 소송을 제기하고자 하는데 그 청구취지(이자 내지 지연손해금 포함)를 작성하시오.

가. 피고 乙, 丙은 연대하여 원고 丁에게 12,000,000원, 원고 戊에게 8,000,000원 및 위 각 돈에 대하여 2022. 6. 1.부터 다 갚는 날까지 월 1%의 비율로 계산한 돈을,

나. 피고 乙은 원고 丁에게 3,540,000원, 원고 戊에게 2,360,000원 및 위 각 돈에 대하여 2022. 6. 1.부터 다 갚는 날까지 월 1.5%의 비율로 계산한 돈을,

각 지급하라

(※해설 - 2022. 5. 31까지의 이자, 지연손해금 60만원과 30만원의 합계 90만원에 먼저 충당하고 나머지 410만원을 이율이 높아 변제이익이 많은 1,000만원 채무에 충당하면 590만원이 남게 됨. 丁과 戊는 3:2로 상속함)

## ■ 상계와 상계충당 ■

**[5문]**

甲이 2022. 3. 1. 乙에게 5,000만원을 이자 월 1%(변제기 일시 지급), 지연손해금 월 1.5%, 변제기 2022. 4. 30.로 정하여 대여하였다. 그런데 乙은 2022. 6. 30. TV 판매업을 하는 甲에게 디지털 TV 10대를 금 4,000만원에 판매하고 그날 즉시 인도하였다. 甲은 乙에게 위 대금을 2022. 8. 31.까지 지급하기로 약정하였다. 그러나 甲과 乙은 모두 위 각 채무를 이행하지 않았다. 乙은 2022. 9. 28. 위 물품대금 채권을 자동채권으로 하여 위 대여금 채권과 대등액에서 상계한다는 내용증명을 보내 2022. 9. 30. 甲에게 도달하였다.

가. 위 사안의 경우 청구취지 및 청구원인의 상계 부분은 어떻게 되는가.

(1) 청구취지: 피고 乙은 원고 甲에게 14,000,000원 및 이에 대하여 2022. 9. 1.부터 다 갚는 날까지 연 18%의 비율로 계산한 돈을 지급하라.

(2) 청구원인의 상계 부분: 한편 피고는 2022. 6. 30. 원고에게 디지털 TV 10대를 4,000만원에 판매하고 그날 즉시 인도하였고, 위 대금은 2022. 8. 31. 지급받기로 약정하였습니다. 그러나 원고는 위 물품대금을 변제하지 않아 피고는 2022. 9. 28. 위 물품대금 채권과 원고의

위 각 대여금 채권을 대등액에서 상계한다는 의사표시를 하여(또는 내용증명을 보내) 이는 같은 달 30. 원고에게 도달하였습니다. 그렇다면 자동채권인 피고의 위 물품대금 채권의 변제기는 2022. 8. 31.이고, 수동채권인 원고의 위 대여금 채권의 변제기는 2022. 4. 30.이므로 변제기가 늦게 도래하는 2022. 8. 31.이 상계적상일이고 그 당시 수동채권인 위 대여금 채권의 이자와 지연손해금은 400만원{(5,000만원x0.01x2)+(5,000만원x0.015x4)}이므로 민법 제499조, 제479조에 따라 자동채권인 위 물품대금 채권 4,000만 원은 수동채권인 위 이자와 지연손해금의 합계 400만원에 먼저 상계 충당되고, 나머지 3,600만원(4,000만원-400만원)이 수동채권의 원금 5,000만원과 대등액에서 상계되어 위 상계적상일에 소급하여 소멸함으로써 결국 원고의 위 대여금 채권은 1,400만원 및 이에 대한 2022. 9. 1.부터 다 갚는 날까지 연 18%의 비율로 계산한 지연손해금이 남게 됩니다.

나. [5문]에서,

(1) 만약 甲의 채권자 丙이 甲의 乙에 대한 위 채권에 대하여 압류 및 추심명령을 받아 위 명령이 2022. 5. 31. 乙에게 송달되었다면 乙은 위 상계로 丙의 추심금 청구에 대항할 수 있는가.

(2) 위 명령이 2022. 9. 15. 乙에게 송달되었다면 어떻게 되는가.

(1), (2) 답안 : 2022. 5. 31. 송달시 乙은 상계로 대항할 수 없으나 2022. 9. 15. 송달시 乙은 상계로 대항할 수 있음(압류 및 추심명령 내지 압류 및 전부명령의 제3채무자에 대한 송달시 제3채무자의 채권자에 대한 반대채권이 발생하고 나아가 상계적상에 있거나 자동채권의 변제기가 수동채권의 변제기보다 빠르거나 같아야 상계로 대항 가능).

■ **상계와 상계충당** ■

[6문]

甲이 2022. 3. 1. 乙에게 5,000만원을 이자 월 1%, 변제기 2022. 4. 30.로 정하여 대여하였고, 또한 甲이 2022. 4. 1. 乙에게 다시 4,000만원을 이자 월 1.5%, 변제기 2022. 5. 30.로 정하여 대여하였다. 그런데 乙은 2022. 6. 30. TV 판매업을 하는 甲에게 디지털 TV 10대를 금 4,000만원에 판매하고 그날 즉시 인도하였다. 그러나 甲과 乙은 모두 위 각 채무를 이행하지 않았다. 乙은 2022. 9. 28. 위 물품대금 채권을 자동채권으로 하여 위 각 대여금 채권과 대등액에서 상계한다는 내용증명을 보내 2013. 9. 30. 甲에게 도달하였다. 이 경우 청구취지는 어떻게 되는가.

피고는 원고에게 금 53,800,000원 및 그 중 50,000,000원에 대하여는 2013. 7. 1.부터 다 갚는 날까지 월 1%의, 3,800,000원에 대하여는 2022. 7. 1.부터 다 갚는 날까지 월 1.5%의 각 비율로 계산한 돈을 지급하라.

※해설 – 이자 및 지연손해금 채무에 먼저 충당되고 나머지는 변제이익이 많은 2022. 4.1.자 채무의 원본 채무에 충당

## 채무부존재확인

### [7-1문]

甲은 2023. 3. 1. 乙에게 2,000만원을 이자 연 6%, 변제기 2023. 7. 31.로 정하여 대여하였다. 한편 乙은 2023. 10. 31. TV 판매업을 하는 甲에게 디지털 TV 4대를 금 2,000만원에 판매하고 그날 즉시 인도하였다. 그러나 甲과 乙은 모두 위 각 채무를 전혀 이행하지 않았다. 乙은 2023. 11. 30. 위 물품대금 채권을 자동채권으로 하여 위 대여금 채권과 상계한다는 내용증명을 甲에게 보내 위 내용증명이 2023. 12. 1. 甲에게 도달하였다. 그런데 甲이 대여금의 원금이 남아 있다고 주장하고 있다. 乙이 원고가 되어 甲을 피고로 하여 乙이 전부 승소할 수 있도록 채무부존재확인을 구하는 소송을 제기하고자 한다. 그 청구취지를 작성하시오.

원고의 피고에 대한 2023. 3. 1. 금전소비대차계약에 기한 채무는 800,000원 및 이에 대한 2023. 11. 1.부터 이 사건 소장 부본 송달일까지는 연 6%의, 그 다음 날부터 다 갚는 날까지는 연 12%의 각 비율로 계산한 돈을 초과하여서는 존재하지 아니함을 확인한다.

※해설 - 자동채권 2,000만원을 상계적상시인 2023. 10. 31.기준으로 수동채권의 이자, 지연손해금 80만원에 먼저 충당하고 나머지 1,920만원을 원금에 충당하면 나머지 원금 80만원 및 상계적상 다음날인 2023. 11. 1.부터 월 1%의 비율로 계산한 지연손해금이 남게 된다.

## 채무부존재확인

### [7-2문]

甲은 2024. 4. 1. 乙에게 2,000만원을 이자 월 1%, 변제기 2024. 7. 31.로 정하여 대여하였다. 乙은 전혀 원리금을 변제하지 않다가 2024. 8. 31. 甲에게 원금의 일부 변제에 충당한다며 200만원을 지급하였다. 甲은 위 충당에 대하여 즉시 이의를 제기하였다. 한편 乙은 2024. 9. 30. 甲에게 디지털 TV 4대를 1,800만원에 판매하고 그날 즉시 인도하였다 (대금은 인도와 동시에 지급받기로 약정하였다). 그러나 甲은 위 물품대금 채무를 전혀 변제하지 않았고, 乙 역시 위 변제 이외에 다른 변제를 하지 않았다. 乙은 2024. 11. 30. 위 물품대금 채권을 자동채권으로 하여 위 대여금 채권과 상계한다는 내용증명을 甲에게 보내 위 내용증명이 2024. 12. 1. 甲에게 도달하였다. 그런데 甲이 대여금의 원리금이 남아 있다고 주장하고 있다. 乙이 원고가 되어 甲을 피고로 하여 乙이 전부 승소할 수 있도록 채무부존재확인을 구하는 소송을 제기하고자 한다. 그 청구취지를 작성하고 간단히 근거를 설명하시오.

원고 乙의 피고 甲에 대한 2024. 4. 1. 금전소비대차계약에 기한 채무는 1,190,000원 및 이에 대한 2024. 10. 1.부터 다 갚는 날까지 월 1%의 비율로 계산한 돈을 초과하여서는 존재하지 아니함을 확인한다.

※해설 - 乙의 변제로 이자 및 지연손해금 100만원(2,000만원×0.01×5개월)에 먼저 충당되고, 나머지 100만원이 원금에 충당되어 수동채권은 1900만원 및 2024. 9. 1.부터 월 1%의 지연손해금이 남는다. 자동채권 1,800만원을 상계적상시인 2024. 9. 30.기준으로 수동채권의 지연손해금 190,000원(1,900만원×0.01×1개월)에 먼저 충당하고 나머지 1,781만원(1,800만원-190,000원)을 원금에 충당하면 나머지 원금 1,190,000원(1,900만원-1,781만원) 및 상계적상 다음날인 2024. 10. 1.부터 월 1%의 비율로 계산한 지연손해금이 남게 된다.

### ■ 매매대금 청구와 동시이행, 채권양도 ■

**[8문]**

甲은 2022. 5. 1. 乙에게 甲 소유의 x부동산(토지)을 대금 3억원에 매도하면서 계약금 3,000만원은 계약 당일 지급받았고 중도금 1억 2,000만원은 2022. 8. 31.에, 잔금 1억 5,000만원은 2022. 10. 31.에 위 부동산의 인도 및 소유권이전등기에 필요한 서류의 교부와 상환으로 지급받기로 약정하였다. 또한 이행지체시 월 1%의 비율에 의한 지연손해금을 지급하기로 약정하였다. 그런데 乙은 甲에게 위 중도금 지급일에 중도금 7,000만원을 지급하고 나머지 중도금 잔금은 지급하지 않았다. 甲의 잔대금 청구에 乙은 소유권이전등기절차, 인도의 말소등기절차의 각 이행을 받을 때까지는 위 잔대금을 지급할 수 없다고 주장한다. 甲은 2023. 1. 1. 乙에 대한 위 매매대금 채권을 丙에게 양도하고 이를 내용증명으로 통지하여 2023. 1. 3. 도달하였다.

**가. 위 사안의 경우 청구취지는 어떻게 되는가.**

피고는 소외 甲(주민등록번호, 주소:00)으로부터 x부동산에 관하여 2022. 5. 1. 매매를 원인으로 한 소유권이전등기절차의 이행 및 위 부동산의 인도를 받음과 동시에 원고 丙에게 201,000,000원을 지급하라

※해설 - 중도금 5,000만원에 대한 잔금 지급일까지의 지연손해금 100만원 발생, 그 이후는 지연손해금 발생하지 않음. 만일 위 사안에서 지연손해금 약정이 없다면 민법 소정의 연 5%의 비율에 의한 지연손해금으로 계산.

**나. [9문]에서 甲이 2022. 10. 31. 乙에게 소유권이전등기를 마쳤고, 2022. 12. 31. 인도를 마쳤다면 청구취지는 어떻게 되는가(지연손해금에 대한 지연손해금 청구 제외)**

피고는 원고 丙에게 201,000,000원 및 그 중 200,000,000원에 대하여 2023. 1. 1.부터 다 갚는 날까지 연 12%의 비율로 계산한 돈을 지급하라.

※해설 - 소유권이전등기와 인도를 마쳐야 지연손해금 발생(동시이행항변권의 존재효), 201,000,000원에는 지연손해금 100만원 포함, 2억원에 대하여 지연손해금 발생. 지연손해금 약정이 없었다면 연 5%로 계산.

다. 위 [9문]에서 위 양도가 없을 경우 乙의 반소가 가능하면 반소 당사자 표시와 청구취지는 어떻게 되는가.

---

반소장

사건　　　　　　(본소사건번호 및 사건명)
피고(반소원고)　성명(주민등록번호)
원고(반소피고)　성명(주민등록번호)

위 사건에 관하여 피고(반소원고)는 다음과 같이 반소를 제기합니다.
소유권이전등기 등 청구의 소

반소청구취지

1. 원고(반소 피고)는 피고(반소원고)로부터 201,000,000원을 지급받음과 동시에 피고(반소원고)에게 x부동산에 관하여 2022. 5. 1. 매매를 원인으로 한 소유권이전등기절차를 이행하고, 위 부동산을 인도하라.
2. 반소비용은 원고(반소피고)의 부담으로 한다.
3. 제1항 중 인도 부분은 가집행할 수 있다.

---

라. [9문]에서 乙이 매매대금을 잔금지급기일인 2022. 10. 31. 모두 지급하였다면 乙이 甲에게 청구할 수 있는 청구취지는 어떻게 되는가(그 무렵 적정 차임은 월 100만원이다).

피고는 원고에게 x부동산에 관하여 2022. 5. 1. 매매를 원인으로 한 소유권이전등기절차를 이행하고, 위 부동산을 인도하고, 2022. 11. 1.부터 위 부동산 인도완료일까지 월 100만원의 비율로 계산한 돈을 지급하라.

※해설 – 매수인의 대금 지급으로 과실수취권이 매수인에게 이전됨

---

■ 불법행위로 인한 손해배상 ■

[9문]
주식회사 甲의 영업부장인 乙이 2023. 2. 1. 甲의 대출서류를 위조하여 A은행으로부터 1억원을 교부받아 편취하였다. A은행의 과실비율은 30%이다. 그 후 A은행에게, 乙은 원금 2,000만 원, 甲은 원금 5,000만 원을 각 변제하였다.

A은행의 甲, 乙에 대한 청구취지는 어떻게 되는가.

원고 A에게, 피고 乙은 3,000만 원, 피고 甲은 피고 乙과 공동하여 위 금원 중 600만 원 및 위 각 금원에 대하여 2023. 2. 1.부터 이 사건 소장 부본 송달일까지는 연 5%, 그 다음날부터 다 갚는 날까지는 연 12%의 각 비율로 계산한 돈을 지급하라.

※해설 – 乙은 고의의 불법행위자로 과실상계 주장할 수 없고, 甲은 사용자 책임을 지나 A은행에 대하여 과실상계를 주장할 수 있다. 甲, 乙이 각자 변제한 금액은 乙에게는 甲, 乙이 변제한 각 그 액수 그대로 공제하나, 사용자 甲에게는 피용자인 乙인 변제한 금액인 2,000만원은 甲의 과실비율 만큼(1-0.3=0.7)을 곱하여 공제한다. 그러므로 乙은 1억-2,000만-5,000만=3,000만 원, 甲은 1억×0.7(과실상계)-(5,000만+2,000만×0.7)=600만원. 만약 원금으로 위 금원을 변제하지 않았으면 지연손해금, 원금 순으로 변제충당하여야 함. 불법행위 당일부터 지연손해금 발생. 참고 판례-피용자 또는 피용자와 공동불법행위 관계에 있는 다른 불법행위자가 불법행위 성립 후에 피해자에게 손해액 일부를 변제하였다면, 변제금 중 사용자의 과실비율에 상응하는 만큼은 사용자가 배상하여야 할 손해액 일부로 변제된 것으로 보아 사용자의 손해배상책임이 그 범위 내에서는 소멸하게 된다 – 대법원 2012. 6. 28. 선고 2010다73765 판결}.

**중요판례** 대법원 2006. 10. 26. 선고 2004다63019 판결

민법 제756조에 의한 사용자의 손해배상책임은 피용자의 배상책임에 대한 대체적 책임이고, 같은 조 제1항에서 사용자가 피용자의 선임 및 그 사무감독에 상당한 주의를 한 때 또는 상당한 주의를 하여도 손해가 있을 경우에는 책임을 면할 수 있도록 규정함으로써 사용자책임에서 사용자의 과실은 직접의 가해행위가 아닌 피용자의 선임·감독에 관련된 것으로 해석되는 점에 비추어 볼 때, 피용자의 고의의 불법행위로 인하여 사용자책임이 성립하는 경우에 민법 제496조의 적용을 배제하여야 할 이유가 없으므로 사용자책임이 성립하는 경우 사용자는 자신의 고의의 불법행위가 아니라는 이유로 민법 제496조의 적용을 면할 수는 없다.

**중요판례** 대법원 2007. 9. 6. 선고 2005다20422 판결

피용자의 불법행위가 외형상 객관적으로 사용자의 업무와 관련된 것으로 보여지는 경우에 사용자로 하여금 그에 대해 책임을 지게 하는 이른바 외형이론은 그 외형에 대한 사회적 신뢰의 보호와 형평의 관념에서 우러나온 것이므로, 그것이 사무집행행위에 해당하지 않음을 피해자 자신이 알았거나 중대한 과실로 인하여 알지 못한 경우에는 공평의 관점에서 상대방을 구태여 보호할 필요가 없다고 봄이 상당하고, 이를 판단함에 있어서는 그 행위가 법령상의 제한을 위반한 것인지에 대한 상대방의 인식가능성, 상대방의 경험이나 지위, 쌍방의 종래의 거래관계, 당해 행위의 성질과 내용 등을 종합적으로 고려하여야 할 것이다.

# Ⅱ 등기

### ■ 소유권보존등기의 말소등기 등 ■

**[1문]**

x토지(300㎡)에 관하여 1916. 2. 1. A앞으로 사정(査定)되어 1967. 2. 1. A의 단독 상속인인 B앞으로 소유권보존등기가 마쳐졌다가 2008. 1. 1. 甲 앞으로 소유권이전등기가 마쳐졌다. 위 x토지(300㎡)는 토지대장과 지적도 상으로 2009. 1. 1. x토지(200㎡)와 y토지(100㎡)로 분필되었다. 乙은 관계서류를 위조하여 2009. 2. 10. y토지(100㎡)에 관하여 소유권보존등기(서울동부지방법원 2009. 2. 10. 접수 제1000호)를 마쳤다.

**가.** 甲이 乙에 대하여 소유권보존등기의 말소등기 절차의 이행을 청구하였다. 그 청구취지는 어떻게 되는가.

피고 乙은 원고 甲에게 y토지(100㎡)에 관하여 서울동부지방법원 2009. 2. 10. 접수 제1000호로 마친 소유권보존등기의 말소등기절차를 이행하라

※해설 – 가. 어느 토지가 여러 필지로 분할된 경우에 분할전의 토지와 분할되어 나온 토지에 관하여 각기 소유명의자를 달리하는 소유권보존등기가 병존하고 있다면 그 두개의 등기는 실질적으로 동일한 토지부분에 관한 한 동일토지에 대한 중복등기이다. 나. 동일토지에 관하여 소유명의자를 달리한 보존등기가 중복하여 이루어지고 소송절차에서 서로 그 등기의 효력을 다투는 경우에는 법원으로서는 그 중 어느 등기가 실체적 권리관계에 부합하는가를 확정하여 이를 가려내야 할 것이다(대법원 1988. 3.22. 선고 87다카2568 판결).

**나.** 위 사안에서 y토지(100㎡)가 2010. 2. 10. 乙 앞으로 소유권보존등기가 된 z토지(100㎡)에 합병되어 z토지(200㎡)가 되었고, y토지(100㎡)가 z토지(200㎡)에 차지하는 부분은 z토지(200㎡) 중 별지 도면의 1, 2, 3, 4, 1을 연결한 선내 ㉮부분 100㎡이다. 이 경우 甲의 乙에 대한 위 청구취지는 어떻게 되는가.

乙은 甲에게 z토지(200㎡) 중 별지 도면 표시 1, 2, 3, 4, 1의 각 점을 순차로 연결한 선내 ㉮부분 100㎡에 관하여 서울동부지방법원 2009. 2. 10. 접수 제1000호로 마친 소유권보존등기의 말소등기절차를 이행하라

(※해설 – 토지가 합병된 경우 합병으로 소멸한 종전 토지 부분에 관한 등기를 말소하려면 합병 후 토지 중 종전 토지 부분을 특정하여 그 부분에 대한 등기의 말소를 명하여야 한다.– 대법원 1997. 6. 24. 선고 97다2993 판결).

다. 사안을 달리하여 甲이 편의상 乙 명의로 건축허가를 받아 x건물을 건축하기 시작하였다. 그 후 乙은 甲에게 즉시 건축허가 명의변경을 하여 주기로 하였으나 이를 이행하지 않았다. 그 후 甲은 위 건물을 완공하였으나 乙은 건축허가 명의가 자신 앞으로 있음을 이용하여 소유권보존등기(서울동부지방법원 2009. 2. 10. 접수 제1000호)를 마쳤다. 이 경우 甲이 乙을 상대로 어떤 청구를 할 수 있는가. 있다면 그 청구취지는 어떻게 되는가.

    피고 乙은 원고 甲에게 x건물에 관하여 서울동부지방법원 2009. 2. 10. 접수 제1000호로 마친 소유권보존등기의 말소등기절차를 이행하라(해설-타인소유의 건물위에 2층부분을 증축한 자는 그 건축허가가 타인의 명의로 된 여부에 관계없이 그 소유권을 원시취득하였다 할 것이고 위 양인간에 완성된 2층부분에 대하여 일단 그 타인명의로 신탁하여 소유권보존등기를 하기로 약정하였다 하여도 그 약정에 따른 소유권보존등기를 하기까지는 건축자는 소유권의 원시취득을 대외적으로도 주장할 수 있다- 대법원 1985. 7. 9. 선고 84다카2452 판결).

### ■ 소유권이전등기의 말소등기 등 ■

**[2문]**

    x토지(300㎡)에 관하여 2008. 1. 1. 甲 앞으로 소유권이전등기가 마쳐졌다. 그런데 乙은 관계서류를 위조하여 2012. 1. 10. 자신에게 소유권이전등기(서울중앙지방법원 등기국 2012. 1. 10. 접수 제1001호)를 마친 후 2012. 2. 1. 위 토지를 乙(1)에게 매도하여 乙(1)이 소유권이전등기(서울중앙지방법원 등기국 2012. 2. 10. 접수 제1012호)를 마쳤다. 乙(1)은 2012. 2. 11. 乙(2)로부터 1억원을 차용한 후 그 담보로 乙(2)에게 근저당권설정등기(서울중앙지방법원 등기국 2012. 2. 12. 접수 제2004호, 채권최고액 2억원)를 마쳐주었다. 한편 乙(2)는 2012. 3. 10. 자신의 채권자인 乙(3)에게 위 대여금 채권을 양도하면서 위 근저당권이전의 부기등기(서울중앙지방법원 등기국 2012. 3. 20. 접수 제3000호)를 마쳐주었다. 그리고 위 토지에 관하여 2012. 9. 1. 丙이 乙(1)에 대한 1억원의 대여금채권을 보전하기 위하여 가압류를 신청하여 가압류기입등기(서울중앙지방법원 등기국 2012. 9. 5. 접수 제6200호)를 마쳤다.

가. 甲이 위 토지에 관하여 부담이나 제한 없는 완전한 소유권이전등기를 회복하기 위한 청구취지는 어떻게 되는가.

  1. x 토지에 관하여, 원고 甲에게,
    가. 1) 피고 乙(3)은 같은 등기국 2012. 2. 12. 접수 제2004호로 마친 근저당권 설정등기의,
       2) 피고 乙(1)은 같은 등기국 2012. 2. 10 접수 제1012호로 마친 소유권 이전등기의,
       3) 피고 乙은 서울중앙지방법원 등기국 2012. 1. 10. 접수 제1001호로 마친 소유권이전등기의,
      각 말소등기절차를 이행하고,
    나. 피고 丙은 위 가의 2)항 기재 소유권이전등기의 말소등기에 대하여 승낙의 의사표시를 하라

(※해설 – 근저당권 이전의 부기등기가 경료된 경우에 양수인만을 상대로 근저당권설정등기의 말소만을 청구하고 부기등기의 말소를 청구하지 않음. 따라서 乙(2)는 피고가 되지 않음. 가압류기입등기에 대하여는 말소 등기 청구를 할 수 없고 승낙의 의사표시를 구하여야 함).

나. 위 1.항에서 乙이 2013. 1. 1. 사망하고 그 처인 丁, 아들인 戊, 딸인 己가 乙의 재산을 공동으로 상속하였다면 청구취지는 어떻게 되는가(변경되는 점만 표시).

위 가.항의 답) 1의 가.의 1)항 '피고 乙은'을 '그 중 피고 丁은 3/7 지분에 관하여, 피고 戊, 피고 己는 각 2/7 지분에 관하여'로 변경

(※해설 – 상속채무 중 소유권이전등기의무, 소유권이전등기의 말소등기 의무는 모두 가분채무임).

다. 위 가.항에서 甲이 2014. 1. 1. 사망하고 그 처인 C, 아들인 D가 공동상속하였으면 청구취지는 어떻게 다른가(변경되는 점만 표시).

가.항 답) '1. x 토지에 관하여, 원고에게'를 '1. x토지에 관하여, 원고 C, 원고 D에게'로 변경

(※해설 – 처인 C, 아들인 D이 위 토지를 각각 3/5 지분, 2/5지분의 비율로 공동상속하였으므로 C, D는 공유관계에 의하여 말소등기 등을 청구할 수 있고, 각자 보존행위로 청구할 수도 있음–실무, 판례는 주로 후자의 입장이라 할 것임).

라. 위 1.항에서 乙이 甲으로부터 위 토지 중 일부(별지 도면의 1, 2, 3, 4, 1을 연결한 선내 ㉮부분 100㎡을 제외한 나머지 200㎡)만 매수하였음에도 위와 같이 임의로 위 토지 전부에 대하여 소유권이전등기를 마쳤다면 청구취지는 어떻게 다른가(별지 도면 생략하고, 변경되는 점만 표시).

'x토지에 관하여'를 'x토지 중 별지 도면 표시 1, 2, 3, 4, 1의 각 점을 순차로 연결한 선내 ㉮ 부분 100㎡에 관하여'로 변경.

■ 인도, 철거, 퇴거, 부당이득 등 ■

[3문]

위 [2문]의 사안에 추가하여 乙(1)은 2012. 3. 1. E에게 x토지를 월 차임 200만원, 기간 2012. 3. 1.부터 2015. 12. 31.까지로 정하여 임대하였고, E는 같은 날 위 토지를 인도받아 위 토지상에 y건물을 건축하여(2012. 4. 1. 건축완료) 이를 F에게 임대(보증금 1억, 월 차임 200만원, 기간 2012. 4. 1.부터 2013. 3. 31.까지)하여 F이 2012. 4. 1.부터 이를 점유하고 있다. 2012. 3. 1. 당시 위 토지의 적정 임대료는 보증금 없이 월 200만원이고 현재(2016. 11. 10.)까지 변동 없다.

가. 甲이 위 건물을 철거하고 위 토지를 인도받기 받기 위한 청구취지는 어떻게 되는가.

답) 1. 원고 甲에게,
   가. 피고 F는 x토지 지상 y건물에서 퇴거하고,
   나. 피고 E는 위 건물을 철거하고, 위 토지를 인도하라

나. 위 1항에서 E가 2013. 2. 1. 사망하고 그 처인 E(1), 아들인 E(2)이 E의 재산을 공동으로 상속하였다면 건물 철거에 관한 청구취지는 어떻게 되는가(토지 인도는 생략, 변경되는 점만 표시).

원고에게, 피고 E(1)은 3/5 지분에 관하여, 피고 E(2)는 2/5 지분에 관하여위 x토지 지상 y건물을 철거하라.

(※해설 – 상속인의 건물철거의무는 성질상 불가분채무이고 공유자는 자기 지분 범위 내에서 건물 전체에 대한 철거의무를 부담함, 통상 공동소송임-대법원 1980. 6. 24. 선고 80다756 판결)

다. 위 [2문], [3문]에서 乙이 甲으로부터 위 토지 중 1/2지분만 매수하였음에도 위와 같이 임의로 위 토지 전부에 대하여 소유권이전등기를 마쳤다면 E를 상대로 한 위 1.항 청구취지(나대지임을 전제로 하며, 건물철거는 제외)는 어떻게 되는가. 그리고 乙이 2/3지분을 매수하였다면 어떻게 되는가 (각 다른 점이 있다면 변경되는 점만 표시).

乙이 1/2지분을 매수하였을 경우는 1.항과 동일, 乙이 2/3지분을 매수하였을 경우는 甲은 위 철거, 인도를 구할 수 없음(해설 – 공유물관리행위, 단, E의 건물 신축은 위 토지의 공유물변경행위로 볼 수 있어 공유자 전원의 동의가 없는 건물건축은 다른 공유자에게 대항할 수 없어 과반수 미만의 공유자도 E, F를 상대로 건물철거 및 퇴거를 구할 수 있다는 견해도 있음 – 정확한 판례는 없음).

라. 위 [2문], [3문]에서 사안을 달리하여 乙이 2011. 1. 10. 위 토지를 시효취득하였으나 소유권이전등기를 마치지 않은 상태에서 甲이 그 중 2/3지분乙 甲(1)에게 매도하여 甲(1)이 2012. 1. 20. 2/3지분에 관하여 소유권이전등기를 마쳤다면 甲(1)은 위 E와 F를 상대로 위 토지 인도와 철거, 퇴거를 구할 수 있는가. 위 2/3지분이 아니라 1/2지분이라면 어떻게 되는가. 1/2지분이 아니라 1/3이라면 어떻게 되는가(각 다른 점이 있다면, 변경되는 점만 표시).

甲(1)이 2/3지분에 관하여 소유권이전등기를 마쳤다면 E와 F를 상대로 철거, 인도, 퇴거를 구할 수 있음(해설 – 乙은 1/3지분에 관하여 시효취득을 주장할 수 있어 과반수에 미달). 甲(1)이 1/2지분에 관하여 소유권이전등기를 마쳤어도 위와 동일. 그러나 甲(1)이 1/3지분에 관하여 소유권이전등기를 마쳤다면 철거 등 청구할 수 없음(해설 – 乙은 2/3지분에 관하여 시효취득을 주장할 수 있어 과반수 충족).

마. 위 [2문], [3문] 사안의 위 1항에서 甲이 위 토지와 관련하여 위 철거, 인도 등 외에 추가로 부당이득을 청구한다면 부당이득에 관한 청구취지는 어떻게 되는가{乙(1)와 E, F는 乙이 관계서류를 위하여 위 토지에 관하여 위와 같이 소유권이전등기를 마친 사실을 2013. 10. 10. 알았음을 전제로 함}.

피고 乙(1)과 피고 E는 각자 원고 甲에게 2013. 10. 10. 부터 위 토지의 인도완료일까지 월 2,000,000원의 비율에 의한 금원을 지급하라

※해설 - 2013. 10. 9.까지는 乙(1)과 E는 민법 제201조의 선의의 점유자로 볼 수 있어 과실수취권에 의하여 甲에 대한 관계에서 부당이득 반환 및 불법행위 책임을 지지 않음. 乙(1)과 E는 간접점유자와 직접점유자로 서로 부진정연대하여 부당이득(공동불법행위 책임도 진다고 봄)을 반환하여야 함. 그리고 2013. 10. 10.부터 악의의 점유자로 되어 법정이자도 반환하여야 하는데 소액으로 이를 제외하고 청구하는 것이 통상 실무례임, 이자 및 지연손해금까지 청구할 때에는 소 제기 이전의 이자를 산정하고 이를 부당이득금에 가산하고 그 전체에 대하여 소장 송달 다음날부터 소송촉진등에관한특례법 소정의 연 15%의 지연손해금을 청구하는 것이 통상 실무례임}.

바. 위 [2문], [3문] 사안의 위 1항과 5항에서 甲이 사망하여 甲의 상속인 중 1인으로 1/2의 상속지분을 가진 甲(2)이 위 철거 및 인도, 부당이득을 구한다면 그 청구취지는 어떻게 되는가.

1. 원고 甲(2)에게,
   가. 피고 F는 x토지 지상 y건물에서 퇴거하고,
   나. 피고 E는 위 건물을 철거하고, 위 토지를 인도하고,
   다. 피고 乙(1)과 피고 E는 각자 2013. 10. 10. 부터 위 토지의 인도완료일까지 월 1,000,000원의 비율에 의한 금원을 지급하라(해설 - 퇴거, 철거, 인도 부분은 보존행위로 청구, 부당이득 반환과 불법행위로 인한 손해배상은 자신의 지분 범위 내에서 가능).

사. 위 6항 사안에서 E가 위 건물을 건립하여 미등기인 채 E(1)에게 매도하여 대금을 모두 지급받았다면 甲이 E(1)을 상대로 위 건물 철거와 위 토지 인도, 부당이득을 구할 수 있는가.

가능함

{※해설 - E(1)이 미등기인 위 건물을 매수하였으므로 위 건물에 관하여 법률상 또는 사실상 처분할 수 있는 지위에 있기 때문이다. -대법원 2004. 11. 13. 선고 2003다57935 판결}.

아. x토지는 甲이 1/3 지분, 乙이 2/3 지분에 의한 甲, 乙의 공유(2012. 2. 1.소유권이전등기)이다. 그런데 丙이 관계서류를 위조하여 2013. 2. 1. 丙 앞으로 소유권이전등기(2013. 2. 1. 서울동부지방법원 접수 제1021호)를 마치고 2013. 3. 1. 위 토지(나대지)를 丁에게 보증금 없이 월 300만원에 임대하여 丁이 2013. 3. 1.부터 이를 점유, 사용하고 있다. 丁은 2013. 6. 1. 丙의 위조에 의한 소유권이전등기 사실을 처음으로 알았다. 한편 丙에 대한 1억원의 대여금 채권자 戊가 위 채권을 보전하기 위하여 위 토지에 가압류 기입등기(2013. 4. 1. 서울동부지방법원 접수 제2142호)를 마쳤다. 위 토지의 적정 차임은 2012년 이후 현재까지 줄곧 보증금 없이 월 300만원이다. 甲과 乙은 2014. 10.경 丙에 대하여 소를 제기하여 2015. 1. 경 丙의 위 소유권이전등기의 말소등

기 절차 이행을 명한 제1심 판결을 선고받았고 위 판결은 2015. 2. 1. 그대로 확정되었다. 甲이 2015. 5. 20. 戊를 상대로 위 가압류 기입등기가 말소되어 甲과 乙이 위 토지에 관하여 부담이나 제한이 없는 완전한 소유권을 취득하고, 丙, 丁의 전부 또는 일부를 상대로 위 토지의 인도와 부당이득을 구하는 소를 제기할 수 있는가. 甲이 소를 제기할 수 없다면 그 근거를 밝히고, 甲이 소를 제기할 수 있으면 甲이 전부 승소할 수 있도록 그 청구취지(다만, 부당이득에 대한 법정이자, 지연손해금 제외)를 작성하시오.

1. 원고 甲에게,
   가. 피고 戊는 x토지에 관하여 서울동부지방법원 2013. 4. 1. 접수 제1021호로 마친 소유권이전등기의 말소등기에 대하여 승낙의 의사표시를 하고,
   나. 피고 丁은 위 토지를 인도하고,
   다. 피고 丙은 3,000,000원을, 피고 丙과 피고 丁은 각자 2013. 6. 1.부터 위 토지 인도완료일까지 월 1,000,000원의 비율로 계산한 돈을 각 지급하라.

※해설-보존행위로 인한 말소등기에 대한 승낙의 의사표시 및 인도 청구, 부당이득은 지분 범위 내, 직접점유자와 간접점유자는 부진정연대 채무, 임차인의 선의시 과실수취권).

자. 甲이 1970. 1. 1.부터 2016. 5. 31.까지 x토지와 그 지상 y건물을 계속 점유(건물은 甲이 건축)하고 있다. 등기기록상 1969. 1. 1. 乙 앞으로, 1993. 1. 1. 丙 앞으로, 2014. 1. 1. 丁 앞으로, 2016. 2. 1. 戊 앞으로 각 소유권이전등기(단, 戊 앞으로 1/2지분 등기)가 마쳐져 있었다. 위 토지의 적정 차임은 변함 없이 월 100만원이다. 이 경우 戊가 甲에 대하여 청구할 수 있는 청구취지는 무엇인가. 甲이 丁에 대하여 청구할 수 있는 청구취지는 무엇인가.

1) 戊의 청구취지

1. 피고 甲은 원고 戊에게,
   가. x토지 지상 y 건물을 철거하고, 위 토지를 인도하고,
   나. 2016. 2. 1. 부터 위 토지의 인도완료일까지 월 500,000원의 비율로 계산한 돈을 지급하라.

2) 甲의 청구취지

1. 피고 丁은 원고 甲에게 x토지 중 1/2지분에 관하여 2015. 1. 1. 시효취득(또는 취득시효 완성)을 원인으로 한 소유권이전등기절차를 이행하라.

※해설 – 丁이 甲에 대하여 甲은 위 토지를 소유의 의사로 평온, 공연하게 점유한 것으로 추정되어 점유를 개시한 1970. 1. 1.부터 20년이 지난 1990. 1. 1. 위 토지를 시효취득하였으나 위 시효취득으로 그 후에 소유권이전등기를 마친 丙에게 대항할 수 없으나 丙의 소유권 변동시를 기준으로 다시 20년이 지난 2015. 1. 1. 위 토지를 2차 시효취득하고 그 사이 丁의 소유권 변동은 시효취득 중단 사유가 되지 않으므로 甲의 위 2차 시효취득을 丁에게 주장할 수 있으나 그 이후에 1/2지분의 소유권을 취득한 戊에게 대항할 수 없다. 그러므로 甲은 1/2지분에 한하여 시효취득을 하였다. 그리고 戊는 1/2 지분을 소유하였으나 과반수 지분에 대하여 시효취득을 하지 않은 甲에 대하여 철거 및 인도청구를 할 수 있으나 부당이득은 1/2 지분에 한정됨.

차. 甲 소유의 x부동산에 대하여 乙이 관계서류를 위조하여 乙 앞으로 소유권이전등기가 마쳐졌다. 그 후 乙은 丙에게 위 토지를 매도하여 丙 앞으로 소유권이전등기가 마쳐졌다. 그 후 丙은 丁에게 위 토지를 임대하고, 丁은 위 토지를 戊에게 전대하여 戊가 위 부동산을 점유하고 있다. 甲이 乙, 丙에 대하여 위 각 소유권이전등기의 각 말소등기를, 戊에 대하여는 위 부동산의 인도를, 丁, 戊에 대하여는 점유로 인한 부당이득을 각 청구하는 소를 제기하였다. 그런데 甲의 위 소 제기 이전에 丙이 위 토지에 대하여 시효취득을 하였다. 이 때 甲의 위 각 청구는 어떻게 되는지 간단히 근거를 들어 설명하시오.

丙이 시효취득을 하여 丙의 등기는 실체적 권리관계에 부합하고, 甲은 소유권을 상실한다. 그리고 시효취득의 효과는 점유개시 시에 소급한다. 그러므로 丁, 戊는 처분권한이 있는 丙으로부터 임차하거나, 전차하였으므로 점유개시 시부터 정당한 점유권원이 있고, 그 결과 인도 및 부당이득 의무(시효취득 이전 부분도 포함)를 부담하지 않는다. 따라서 甲은 乙에 대하여는 후발적 소유권 상실을 이유로, 丙, 丁, 戊에 대하여는 위에서 본 丙의 실체적 권리관계에 부합한 등기와 그에 기한 임대, 전차로 甲의 위 각 청구는 모두 기각된다(丙, 丁, 戊에 대하여 甲의 소유권상실로 기재하는 것도 이론적으로 틀린 것은 아니나, 丙, 丁, 戊는 정당한 처분행위 내지 채권 계약을 체결하였다는 점을 나타내지 않아 논리적으로 정확한 것은 아니다. 부당이득과 관련하여 시효취득의 소급효도 문제된다).

■ 대위에 의한 소유권이전등기 ■

[4문]

x토지(300㎡)에 관하여 2008. 1. 1. 甲 앞으로 소유권이전등기가 마쳐졌다. 그런데 乙은 관계서류를 위조하여 2012. 1. 10. 자신에게 소유권이전등기(서울중앙지방법원 등기국 2012. 1. 10. 접수 제1001호)를 마친 후 2012. 2. 1. 위 토지를 乙(1)에게 매도하여 乙(1)이 소유권이전등기(서울중앙지방법원 등기국 2012. 2. 10. 접수 제1012호)를 마쳤다. 乙(1)은 2012. 2. 11. 乙(2)로부터 1억원을 차용한 후 그 담보로 乙(2)에게 근저당권설정등기(서울중앙지방법원 등기국 2012. 2. 12. 접수 제2004호, 채권최고액 2억원)를 마쳐주었다. 한편 乙(2)는 2012. 3. 10. 자신의 채권자인 乙(3)에게 위 대여금 채권을 양도하면서 위 근저당권이전의 부기등기(서울중앙지방법원 등기국 2012. 3. 20. 접수 제3000호)를 마쳐주었다. 그리고 위 토지에 관하여 2012. 9. 1. 丙이 乙(1)에 대한 1억원의 대여금채권을 보전하기 위하여 가압류를 신청하여 가압류기입등기(서울중앙지방법원 등기국 2012. 9. 5. 접수 제6200호)를 마쳤다.

A는 2009. 1. 1. 甲으로부터 위 토지를 금 1억원에 매수하였고, 대금을 완납하였다. B는 2010. 1. 1. A로부터 위 토지를 2억원에 매수하였으나 잔금 1억원을 미납하였다. 그러나 A와 B는 위 토지에 관하여 소유권이전등기를 마치지 않고 특별히 관리도 하지 않았다.

가. B가 위 토지에 관하여 부담이나 제한 없는 완전한 소유권을 확보하기 위한 청구취지는 어떻게 되는가.

1. x토지에 관하여, 피고 甲에게,
    가. 1) 피고 乙은 서울중앙지방법원 등기국 2012. 1. 10. 접수 제1001호로 마친 소유권이전 등기의,
       2) 피고 乙(1)은 같은 등기국 2012. 2. 10 접수 제1012호로 마친 소유권 이전등기의,
       3) 피고 乙(3)은 같은 등기국 2012. 2. 12. 접수 제2004호로 마친 근저당권 설정등기의 각 말소등기절차를 이행하고,
    나. 피고 丙은 위 가의 2)항 기재 소유권이전등기의 말소등기에 대하여 승낙의 의사표시를 하고,
2. x토지에 관하여,
    가. 피고 甲은 피고 A에게 2009. 1. 1. 매매를 원인으로 한,
    나. 피고 A는 원고로부터 금 1억원을 지급받음과 동시에 원고에게 2010. 1. 1. 매매를 원인으로 한,
    각 소유권이전등기절차를 이행하라.

나. 위 가.항에서 B가 이미 A, 甲을 상대로 위 토지에 관한 소유권이전등기절차를 명하는 확정판결을 받아 A, 甲을 제외한 나머지 피고들을 상대로 위 소송을 제기한다면 청구취지는 어떻게 되는가(변경되는 점만 표시).

위 가.항 답 1항의 '피고 甲'을 '소외 甲(주민등록번호, 주소)'으로 변경하고 2.항 삭제.

다. 위 가.항에서 A, B가 위 토지 중 일부(별지 도면의 1, 2. 3 ,4, 1을 연결한 선내 ㉮부분 100㎡)만 매수하였다면 청구취지는 어떻게 다른가(별지 도면 생략하고, 변경되는 점만 표시).

가.항 답 1, 2항의 'x토지에 관하여'를 'x토지 중 별지 도면 표시 1, 2, 3, 4, 1의 각 점을 순차로 연결한 선내 ㉮ 부분 100㎡에 관하여'로 변경.

라. 위 가.항에서 A, B가 위 토지 중 1/2지분을 매수하였다면 청구취지는 어떻게 다른가(변경되는 점만 표시)

가.항 답 중 1, 2항의 'x토지에 관하여'를 'x토지 중 1/2지분에 관하여'로 변경{해설-채권자 대위권은 피보전채권의 범위 내에서 채무자의 3채무자에 대한 권리(피대위권리)를 대위행사할 수 있음. 이는 피대위권리가 이전등기나 말소등기의 경우에도 모두 해당. 공유물보존행위와 다름. 채권자가 채권자대위권의 법리에 의하여 채무자에 대한 채권을 보전하기 위하여 채무자의 제3자에 대한 권리를 대위행사하기 위하여는 채무자에 대한 채권을 보전할 필요가 있어야 하고, 그러한 보전의 필요가 인정되지 아니하는 경우에는 소가 부적법하므로 법원으로서는 이를 각하하여야 한다 – 대법원 2012. 8. 30. 선고 2010다39918 판결, 2014. 10. 27. 선고 2013다25217 판결}.

마. 위 가.항에서 A가 甲으로부터 양도담보 약정을 하였다면 청구취지는 어떻게 되는가(변경되는 점만 표시).

위 가.항의 '피고 甲은 피고 A에게 2009. 1. 1. 매매'를 '피고 甲은 피고 A에게 2009. 1. 1. 양도담보'로 변경.

바. 위 가.항에서 B가 가장 간편하게(피고의 수를 최소한) 소유권을 회복하는 청구취지는 어떻게 되는가(변경되는 점만 표시).

위 가.항의 피고 乙, 피고 乙(1)에 대하여 '피고 乙(1)은 피고 甲에게 x토지에 관하여 진정명의 회복을 원인으로 한 소유권이전등기절차를 이행하라'로 변경. 피고 丙에 대하여는 승낙의 의사표시를 청구할 수 없음(승낙의 의사표시는 말소등기에 대하여 청구할 수 있고, 이전등기에 대하여는 청구할 수 없음).

사. 위 가.항에서 A가 소유권이전등기를 마치지 않았을 때 甲이 적극적으로 A에게 소유권이전등기를 마쳐주기 위한 청구취지는 어떻게 되는가.

피고 A는 원고 甲으로부터 x토지에 관하여 2009. 1. 1. 매매를 원인으로 한 소유권이전등기의 신청절차를 인수하라.

아. 위 가.항과 관련하여 사안을 달리하여 乙이 甲의 이중매도에 적극 가담하여 2011. 4. 1. 위와 같이 매수하고 그 후 甲을 상대로 소유권이전등기를 명하는 확정판결을 받아 2012. 1. 10. 위와 같이 소유권이전등기를 마쳤다면 이 경우 B는 乙 및 그 이하 등기명의자들을 상대로 위 각 청구를 할 수 있는가.

위 확정판결의 기판력에 저촉되어 청구할 수 없다

{※해설 – 부동산의 소유자에 대하여 소유권이전등기를 청구할 지위에 있기는 하지만 아직 그 소유권이전등기를 경료하지 않은 상태에서, 제3자가 부동산의 소유자를 상대로 그 부동산에 관한 소유권이전등기절차 이행의 확정판결을 받아 소유권이전등기를 경료한 경우에는, 종전의 소유권이전등기청구권을 가지는 자는 그 확정판결이 당연무효이거나 재심의 소에 의하여 취소되지 않는 한, 부동산의 소유자에 대한 소유권이전등기청구권을 보전하기 위하여 부동산의 소유자를 대위하여 제3자 명의의 소유권이전등기가 원인무효임을 내세워 그 등기의 말소를 구하는 것은 확정판결의 기판력에 저촉되고, 나아가 그 제3자 명의의 소유권이전등기 이후에 그 등기를 바탕으로 하여 경료된 또 다른 소유권이전등기의 말소를 구하는 것도 역시 위 확정판결의 기판력에 저촉된다.-대법원 1996. 6. 25. 선고 96다8666 판결).

그러나 乙의 위 매매는 무효이어서 乙은 소유권을 취득하지 못하고 乙의 B에 대하여 소유권 주장에 대하여 B가 乙의 소유권 없음을 주장하는 것은 위 확정판결의 기판력에 저촉되지 않음(확정판결의 기판력은 그 판결의 주문에 포함된 것, 즉 소송물로 주장된 법률관계의 존부에 관한 판단의 결론 그 자체에만 생기는 것이고, 판결이유에 설시된 그 전제가 되는 법률관계의 존부에까지 미치는 것은 아니므로 부동산소유권이전등기절차의 이행청구에 관한 확정판결의 기판력은 그 소송물이었던 이전등기청구권의 존부에만 미치고 그 목적부동산의 소유권 자체의 존부에까지 미치는 것은 아니다. - 대법원 1990. 1. 12. 선고 88다카24622 판결).

자. 위 아.항에서 乙이 甲을 상대로 한 소유권이전등기를 명하는 확정판결이 사실은 乙이 甲의 허위 주소 송달로 인한 판결(소장 및 판결이 甲의 허위주소로 송달)이었다면 위 8항의 결론은 어떻게 되는가

등기 말소를 구할 수 있다(해설- 제소자가 상대방의 주소를 허위로 기재함으로써 그 허위주소로 소송서류가 송달되어 그로 인하여 상대방 아닌 다른 사람이 그 서류를 받아 의제자백의 형식으로 제소자 승소의 판결이 선고되고 그 판결정본 역시 허위의 주소로 보내어져 송달된 것으로 처리된 경우에는 상대방에 대한 판결의 송달은 부적법하여 무효이므로 상대방은 아직도 판결정본의 송달을 받지 않은 상태에 있어 이에 대하여 상소를 제기할 수 있을 뿐만 아니라, 위 사위판결에 기하여 부동산에 관한 소유권이전등기나 말소등기가 경료된 경우에는 별소로서 그 등기의 말소를 구할 수도 있다-대법원 1995. 5. 9. 선고 94다41010 판결 * 참고로 공시송달에 의한 판결의 확정은 유효하다).

차. 위 가.항에서 소외 E가 A의 甲에 대한 소유권이전등기청구권을 가압류(서울중앙지방법원 등기국 2011. 10. 10.자 2011카합1200호)하고 위 가압류결정이 2011. 10. 20. 甲에게 송달되었을 경우 청구취지는 어떻게 되는가(변경되는 점만 표시)

위 가.항 답안 2.항
'x토지에 관하여,
  가. 피고 甲은 피고 A에게 2009. 1. 1. 매매를 원인으로 한'을

'x토지에 관하여,
  가. 피고 甲은 소외 E와 피고 A 사이의 서울중앙지방법원 등기국 2011. 10. 10.자 2011카합1200호 소유권이전등기청구권 가압류결정에 의한 집행이 해제되면 피고 A에게 2009. 1. 1. 매매를 원인으로 한'으로 변경.

카. 위 가.항에서 乙이 그 앞으로 소유권이전등기를 마치기 이전에 B의 권리를 보전하기 위한 방법은 무엇인가.

B는 A를 대위하여 甲을 상대로 처분금지가처분을 신청하여 집행함. 그 후 乙 등 앞으로 위 각 등기가 경료되더라도 B는 A앞으로 소유권이전등기를 마치면서 乙 등의 위 각 등기의 말소를 신청할 수 있음. 그러나 甲이 A앞으로 소유권이전등기를 마치는 것을 막을 수는 없음. 그리고 A가 자신 앞으로 소유권이전등기를 마치고 타에 소유권이전등기를 마치면 B는 A가 소유권이전등기를 마친 후에 처분금지가처분을 하지 않으면 그 처분을 막을 수 없어 결국 B는 소유권이전등기를 마칠 수 없음.

타. 위 가.항에서 甲이 자신 앞으로 등기를 회복한 다음 2009. 2. 1. A와 매매예약을 하고 A에게 가등기(서울중앙지방법원 등기국 2009. 2. 1. 접수 제1000호)를 마쳐주었다. 그런데 A가 2010. 2. 1. 위 매매예약을 완결하였다면 청구취지는 어떻게 되는가(변경되는 점만 표시).

위 가.항의 '피고 甲은 피고 A에게 2009. 1. 1. 매매를 원인으로 한 소유권이전등기절차'를 '피고 甲은 피고 A에게 서울중앙지방법원 등기국 2009. 2. 1. 접수 제1000호로 마친 가등기에 기하여 2010. 2. 1. 매매(또는 매매예약 완결)을 원인으로 한 소유권이전등기절차(또는 소유권이전의 본등기절차)'로 변경.

■ 계약의 무효, 취소에 따른 등기 등 ■

[5문]

　甲은 2012. 5. 1. 乙에게 甲 소유의 x부동산(토지)을 대금 3억원에 매도하면서 계약금 3,000만원은 계약 당일 지급받았고, 중도금 1억 2,000만원은 2012. 8. 31.에, 잔금 1억 5,000만원은 2012. 10. 31.에 위 부동산의 인도 및 소유권이전등기에 필요한 서류의 교부와 상환으로 지급받기로 약정하였다. 甲은 중도금 지급기일에 1억 2천만을 지급받았고, 편의상 乙에게 위 토지의 소유권이전등기(서울중앙지방법원 등기국 2012. 10. 31. 접수 제1000호)를 마쳐주었다. 乙은 2013. 2. 1. 이를 丙에게 4억원에게 매도하고(대금은 전부 지급받았다), 소유권이전등기를 마쳐주었다. 丙은 丁으로부터 1억원을 차용한 후 그 담보로 丁에게 위 토지에 관하여 근저당권설정등기(서울중앙지방법원 등기국 2014. 2. 12. 접수 제2004호, 채권최고액 2억원)를 마쳐주었다.

가. 사실은 甲과 乙의 매매계약은 통정허위표시이었다. 丙은 악의이고 丁은 선의이다. 이 경우 甲의 소유권을 회복하기 위한 청구취지는 무엇인가.

　피고 丙은 원고 甲에게 x 토지에 관하여 진정명의회복을 원인으로 한 소유권이전등기절차를 이행하라(해설 – 통정허위표시로 丁에게 대항할 수 없고, 丙의 말소등기를 위하여 丁의 승낙이 필요하므로 丙을 상대로 말소등기를 청구하여도 집행할 수 없음. 그러나 丙과 丁은 통상공동소송이고 丙을 상대로 말소등기청구를 할 이익도 있으므로 丙을 상대로 말소등기를 청구할 수는 있으나 丁의 위 승낙이 없는 한 집행할 수는 없음. 乙은 甲에 대하여 불법행위 책임을 지고, 매매대금 상당의 부당이득 반한 책임도 진다).

나. 위 가.항과 달리 甲은 착오(농림지역임에도 관리지역이라고 잘못 알았고, 농림지역이라면 매매계약을 체결하지 않았을 것이며, 이러한 사정은 위 매매계약의 내용이 되었음)로 위 매매계약을 체결하였다. 2013. 2. 1. 위 착오를 이유로 위 매매계약을 취소하였다. 乙은 위 매매대금 반환과의 동시이행 항변을 하였다. 위 丙과 丁은 없다고 전제하고 청구취지를 작성하시오.

　피고 乙은 원고 甲으로부터 1억 5천만원을 지급받음과 동시에 x토지에 관하여 서울중앙지방법원 등기국 2012. 10. 31. 접수 제1000호로 마친 소유권이전등기의 말소등기절차를 이행하라(해설 – 동기의 착오이나 표시되었고, 중요 부분에 관한 착오임. 적법하게 취소되었음. 쌍방 원상회복의 동시이행 관계 인정됨. 받은 매매대금에 대하여 법정이자 인정되지 않음. 대법원 2001. 7. 10. 선고 2001다3764 판결: 매매계약이 취소된 경우에 당사자 쌍방의 원상회복의무는 동시이행의 관계에 있다. 대법원 1993. 5. 14. 선고 92다45025 판결: 쌍무계약이 취소된 경우 선의의 매수인에게 민법 제201조가 적용되어 과실취득권이 인정되는 이상 선의의 매도인에게도 민법 제587조의 유추적용에 의하여 대금의 운용이익 내지 법정이자의 반환을 부정함이 형평에 맞다. 丙이 선의라면 말소등기 청구할 수 없고, 乙을 상대로 가액반환 에 의한 부당이득 청구 가능).

■ 계약의 해제에 따른 등기 등 ■

**[6문]**

　　甲은 2016. 2. 1. 乙로부터 乙 소유의 x토지를 대금 1억원에 매수하였다. 甲은 2016. 2. 1. 乙에게 계약금 1,000만원을 지급하였다. 甲은 2016. 3. 31. 乙에게 1차 중도금 3,000만원, 2016. 4. 30. 2차 중도금 2,000만원을 각 지급하였다. 위 매매계약에서 乙이 위약시에는 계약금의 배액을 변상하고, 甲이 위약할 때는 계약금을 포기하고 반환청구를 하지 않기로 약정하였다. 한편 甲은 위 매매계약 당시 2016. 5. 31. 乙로부터 위 토지의 소유권이전등기에 필요한 서류를 교부받음과 동시에 乙에게 잔금 4,000만원을 지급하기로 약정하였다. 甲은 2016. 5. 31. 乙에게 위 잔금 4,000만원을 이행제공하였으나 乙은 甲에게 위 토지의 소유권이전등기에 필요한 서류를 교부하지 않아 甲은 2016. 6. 8. 乙에게 乙의 이행지체를 이유로 위 매매계약의 해제 의사표시를 하여 위 의사표시가 2016. 6. 10. 乙에게 도달하였다. 한편 甲은 중도금 수령 직후인 2016. 4. 1. 乙로부터 소유권이전등기(서울중앙지방법원 등기국 2016. 4. 1. 접수 제1000호)와 토지를 인도받아 甲은 그때부터 현재까지 위 토지 지상에 y건물을 건축하여 사용, 수익하고 있다(앞으로도 계속 사용 수익을 할 예정이다). 위 토지의 적정 차임은 2016. 4. 1. 당시 보증금 없이 월 200만원이고, 그 이후로도 현재에 이르기까지 변동이 없다(앞으로도 변동이 없다고 추인된다). 乙의 귀책사유로 위 매매계약이 적법하게 해제되었다고 가정한다. 甲은 2016. 6. 20. 乙을 상대로 위 계약금 및 중도금과 그 법정이자 내지 지연손해금, 손해배상금의 지급을 구하는 소송을 제기하고자 한다. 이에 대하여 乙은 甲에 대하여 위 토지의 인도와 甲의 부당이득반환 등 원상회복 의무와의 동시이행의 항변을 주장하였다.

**가. 甲이 전부 승소할 수 있도록 청구취지를 작성하시오.**

　　피고 乙은 원고 甲으로부터 x토지에 관하여 서울중앙지방법원 등기국 2016. 4. 1. 접수 제1000호로 마친 소유권이전등기의 말소등기절차의 이행, 위 토지 지상 y건물의 철거 및 위 토지의 인도, 2016. 4. 1.부터 위 토지의 인도완료일까지 월 200만원의 비율에 의한 금원의 지급을 각 받음과 동시에 원고 甲에게 7,000만원 및 그 중 1,000만원에 대하여는 2016. 2. 1.부터, 3,000만원에 대하여는 2016. 3. 31.부터, 2,000만원에 대하여는 2016. 4. 30.부터 각 다 갚는 날까지 연 5%의 비율로 계산한 돈을 지급하라.

　　※해설 – 매매계약이 이행지체로 해제된 경우 매도인과 매수인의 원상회복의무, 손해배상의무는 서로 동시이행의 관계에 있다. 그리고 매수인인 甲의 원상회복의무에는 목적물인 위 토지의 인도, 건물의 철거와 사용이익의 반환도 포함되고, 매도인인 乙은 매수인인 甲으로부터 받은 위 금전과 이에 대하여 받은 날로부터 민법 소정의 연 5%의 비율에 의한 법정이자를 부가하여 반환하여야 한다(민법 제548조). 그러나 乙은 계약금 1,000만원의 손해배상 책임이 있으므로 乙이 지급할 금액은 7,000만원(계약금 1,000만원, 손해배상예정액 1,000만원, 중도금 5,000만원)이 됨. 한편 乙이 위와 같은 동시이행항변권을 가지는 동안 甲이 위 인도 의무 등의 이행이나 이행제공을 하기까지는 乙은 이행지체에 빠지지 아니한다(그러므로 소송촉진등에 관한 특례법 소정의 연 15%는 적용되지 않음.

나. 만일 甲의 귀책사유로 해제되었다면 乙이 전부 승소할 수 있도록 청구취지를 작성하시오.

피고 甲은 원고 乙로부터 5,000만원 및 그 중 3,000만원에 대하여는 2016. 3. 31.부터, 2,000만원에 대하여는 2016. 4. 30.부터 각 다 갚는 날까지 연 5%의 비율로 계산한 돈을 지급받음과 동시에 원고 乙에게
  가. x토지에 관하여 서울중앙지방법원 등기국 2016. 4. 1. 접수 제1000호로 마친 소유권이전등기의 말소등기절차를 이행하고,
  나. 위 토지 지상 y건물을 철거하고, 위 토지를 인도하며, 2016. 4. 1.부터 위 토지의 인도 완료일까지 월 200만원의 비율로 계산한 돈을 지급하라.

※해설 - 위 (가)와 달리 甲은 계약금 1,000만원이 몰취되었으므로 남은 금액은 5,000만원임. 나머지는 위 (가)와 동일함}. 끝.

# Ⅲ 등기

## ■ 근저당권설정등기 및 그 말소등기 ■

**[7문]**

甲은 2014. 2. 1. 乙로부터 1억원을 이자 월 1%(변제기 일시 지급), 변제기 2015. 1. 31. 차용하면서 그 담보를 위하여 甲 소유의 x토지에 관하여 채권최고액을 2억원으로 하는 근저당권설정등기(서울북부지방법원 2014. 2. 1. 접수 제3456호)를 마쳤다. 甲은 원리금을 전혀 변제하지 않다가 2016. 1. 31. 乙에게 원금조로 1억원을 변제하였다. 甲은 즉시 원금에 대한 변제충당에 이의를 제기하였다. 甲은 추가로 돈을 지급하더라도 위 근저당권설정등기의 말소등기 절차의 이행을 구하고 싶다. 소 제기일은 2016. 2. 1.이다.

### 가. 위 사안에서 甲이 전부 승소하기 위한 청구취지는 어떻게 되는가.

피고 乙은 원고 甲으로부터 24,000,000원 및 이에 대하여 2016. 2. 1.부터 다 갚는 날까지 월 1%의 비율로 계산한 돈을 지급받은 다음 원고 甲에게 서울북부지방법원 2014. 2. 1. 접수 제3456호로 마친 근저당권 설정등기의 말소등기절차를 이행하라

> ※해설 – 이자 및 지연손해금 2,400만원에 먼저 충당하고 나머지 7,600만원을 원금에 충당하면 원금 2,400만원이 남는다. 선이행 조건일 경우에는 후발적 실효사유를 기재하지 않는다. 소송촉진등에관한특례법의 연 12%가 적용되지 않는다.

### 나. (1) 甲이 2016. 1. 31. 원리금을 전부 변제하였다면 가.항의 청구취지는 어떻게 되는가.

피고 乙은 원고 甲에게 서울북부지방법원 2014. 2. 1. 접수 제3456호로 마친 근저당권 설정등기에 대하여 2016. 1. 31. 확정 채권 변제를 원인으로 한 말소등기절차를 이행하라

> (※해설-후발적 실효사유가 단순 이행 청구이므로 근저당권 소멸 사유를 기재하여야 한다).

(2) 甲이 2016. 1. 31. 남은 원리금이 1억원이라고 주장하면서 1억원을 변제공탁하였다. 乙이 이 공탁금을 채권의 일부로 수령한다는 유보하에 수령한 경우에 가.항의 청구취지는 어떻게 되는가.

(1)항과 같다(일부 변제 공탁은 무효이고 乙이 이의를 유보하고 수령하였으므로 그 범위 내에서 변제공탁은 유효하다).

### 다. 甲이 위 변제 이전에 위 토지의 소유권을 丙에게 양도하였다면 甲이 위 위 가, 나항 각 소송을 제기할 수 있는가. 丙도 위 소송을 제기할 수 있는가.

모두 가능하다(해설-甲은 근저당권설정계약상의 권리에 의하여 소를 제기할 수 있고, 丙은 소유권에 기한 방해배제청구권의 행사로서 제기할 수 있다).

라. 甲이 단란 주점 영업허가를 받는 과정에서 관계 공무원에게 뇌물을 교부하는 자금으로 사용하기 위하여 乙로부터 위 돈을 차용하였고, 乙도 이런 사실을 알았다면 甲은 위 근저당권설정등기의 말소를 청구할 수 있는가(乙은 가사 위 소비대차 계약이 반사회질서 행위라도 위 근저당권설정등기는 불법원인 급여로서 그 말소를 구할 수 없다고 주장한다).

근저당권 설정등기의 말소등기를 청구할 수 있다.

> **중요판례** 대법원 1992. 11. 27. 선고 92다7719 판결
>
> 강박에 의한 법률행위가 무효로 되기 위하여는 강박의 정도가 극심하여 의사표시자의 의사결정의 자유가 완전히 박탈된 상태에서 이루어져야 한다. 나. 민법 제103조에 의하여 무효로 되는 반사회질서행위는 법률행위의 목적인 권리의무의 내용이 선량한 풍속 기타 사회질서에 위반되는 경우뿐 아니라 그 내용 자체는 반사회질서적인것이 아니라고 하여도 법률적으로 이를 강제하거나 법률행위에 반사회질서적인 조건 또는 금전적 대가가 결부됨으로써 반사회질서적 성질을 띠게 되는 경우 및 표시되거나 상대방에게 알려진 법률행위의 동기가 반사회질서적인 경우를 포함하는바, 이상의 각 요건에 해당하지 아니하고 단지 법률행위의 성립과정에서 강박이라는 불법적 방법이 사용된데 불과한 때에는 강박에 의한 의사표시의 하자나 의사의 흠결을 이유로 효력을 논의할 수는 있을지언정 반사회질서의 법률행위로서 무효라고 할 수는 없다

> **중요판례** 대법원 1995. 8. 11. 선고 94다54108 판결
>
> 민법 제746조에서 불법의 원인으로 인하여 급여함으로써 그 반환을 청구하지 못하는 이익은 종국적인 것을 말한다. 나. 도박자금으로 금원을 대여함으로 인하여 발생한 채권을 담보하기 위한 근저당권설정등기가 경료되었을 뿐인 경우와 같이 수령자가 그 이익을 향수하려면 경매신청을 하는 등 별도의 조치를 취하여야 하는 경우에는, 그 불법원인급여로 인한 이익이 종국적인 것이 아니므로 등기설정자는 무효인 근저당권설정등기의 말소를 구할 수 있다.

> **중요판례** 대법원 1995. 7. 1 4. 선고 94다40147 판결
>
> 도박채무의 변제를 위하여 채무자로부터 부동산의 처분을 위임받은 채권자가 그 부동산을 제3자에게 매도한 경우, 도박채무 부담행위 및 그 변제약정이 민법 제103조의 선량한 풍속 기타 사회질서에 위반되어 무효라 하더라도, 그 무효는 변제약정의 이행행위에 해당하는 위 부동산을 제3자에게 처분한 대금으로 도박채무의 변제에 충당한 부분에 한정되고, 위 변제약정의 이행행위에 직접 해당하지 아니하는 부동산 처분에 관한 대리권을 도박 채권자에게수여한 행위 부분까지 무효라고 볼 수는 없으므로, 위와 같은 사정을 알지 못하는 거래 상대방인 제3자가 도박 채무자부터 그 대리인인 도박 채권자를 통하여 위 부동산을 매수한 행위까지 무효가 된다고 할 수는 없다.

마. 만약 乙이 甲으로부터 근저당권설정등기를 마치지 않았다면 위 등기를 마치기 위한 청구취지는 어떻게 되는가

피고 甲은 원고 乙에게 x토지에 관하여 2014. 2. 1. 근저당권설정계약을 원인으로 한 채권최고액을 2억원, 채무자 피고 甲으로 하는 근저당권설정등기절차를 이행하라.

바. 丙이 물상보증인이 되었다면 위 마.항의 청구취지는 어떻게 되는가

피고 丙은 원고 乙에게 x토지에 관하여2014. 2. 1. 근저당권설정계약을 원인으로 한 채권최고액을 2억원, 채무자 甲(주민등록번호, 주소)으로 하는 근저당권설정등기절차를 이행하라.

### ■ 근저당권설정등기 및 그 말소등기 ■

**[8문]**

甲이 2015. 2. 1. 乙 은행으로부터 앞으로 금전을 계속 차용하기로 하였다. 丙은 2015. 2. 1. 乙과의 사이에 甲이 2015. 2. 1. 이후 乙에 대하여 부담하게 될 차용금 원리금 채무 및 비용 일체를 담보하기 위하여 丙 소유의 x토지에 관하여 근저당권설정계약을 체결하고 그에 따라 乙에게 위 토지에 관하여 채권최고액 5억원의 1순위 근저당권설정등기(2015. 2. 1. 부산지방법원 접수 제1000호)를 마쳐주었으며, 그 이후에 甲이 乙로부터 1억원씩 3회(2015. 3. 1., 4.1., 5.1, 각 이자 월 1%, 각 변제기 2015. 12. 31.)에 걸쳐 합계 3억원을 대여받았으나 甲이 이를 변제하지 않아 乙이 2016. 3. 1. 위 근저당권실행을 위한 경매를 신청하여 같은 달 5. 경매개시결정이 내려졌으며 2016. 3. 1. 당시 甲의 乙에 대한 위 차용금의 피담보 채무가 원금 2억원과 그에 대하여 2015. 12. 1.부터 월 1%의 비율에 의한 지연손해금이 남아 있었다(나머지 피담보채무는 모두 변제되었다). 그런데 乙은 2016. 5. 1. 甲에게 1억원을 이자 월 1%(변제기 일시 지급), 변제기 2016. 7. 31.로 정하여 대여하였다. 乙은 2016. 5. 31. 甲에게 변제조로 1억원을 지급하였다. 그 외 甲이나 丙이 乙에게 추가로 변제한 돈은 없다. 乙은 2016. 6. 1. 甲의 요청에 의하여 위 경매신청을 취하하였다. 그 당시 乙의 경매신청 비용은 500만원 이었다. 丙이 2016. 10. 1. 乙을 상대로 丙이 위 피담보채무 전부를 변제할 것을 조건으로 위 근저당권설정등기의 말소등기 청구를 하고자 한다.

**가.** 위 사안에서 丙이 전부 승소하기 위한 청구취지를 작성하시오.

피고 乙은 원고 丙으로부터 1억 1,700만원 및 이에 대하여 2016. 6. 1.부터 다 갚는 날까지 월 1%의 비율로 계산한 돈을 지급받은 다음 원고 丙에게 x토지에 관하여 부산지방법원 2015. 2. 1. 접수 제1000호로 마친 근저당권설정등기의 말소등기절차를 이행하라.

> ※해설 – 경매신청시에 피담보채권이 확정되어 2016. 5. 1. 대여금은 피담보채권이 될 수 없음. 경매개시 결정 이후 경매신청이 취하되어도 피담보채권 확정의 효력은 영향이 없음(대법원 2002. 11. 26. 선고 2001다73022 판결). 경매비용 500만원은 먼저 충당되어야 하고, 지연손해금이 다음으로 충당되어 합계 1,700만원(지연손해금 1,200만원+경매비용 500만원) 충당되어 나머지 8,300만원(1억원-1,700만원)이 원금에 충당되어 원금은 1억 1,700만원(2억원-8,300만원)이 남게 된다. 원고 丙은 채무자가 아니나 스스로 나머지 피담보채무를 변제할 것임을 주장하므로 위와 같이 '피고 乙은 원고 丙으로부터' 기재함.

**나.** 위 사안에서 乙의 경매는 없었고 甲의 채권자 丁이 위 토지에 관하여 2순위로 채권최고액 2억원의 근저당권을 설정하여 丁이 이에 기하여 경매를 신청하여 戊가 적법하게 위 토지를 경매를 통하여 매수하여 그 소유권을 취득하였다면 乙의 위 근저당권의 위 피담보채권은 언제 확정되는지 간단하게 근거를 들어 설명하시오.

후순위 근저당권자인 丁이 경매를 신청하는 경우 선순위 근저당권자인 乙의 피담보채권은 거래의 안전을 해하지 아니하는 한도 내에서 근저당권의 담보가치를 최대한 활용할 수 있도록 위 근저당권의 소멸시기인 戊의 매각대금 납부시에 乙의 위 피담보채권은 확정된다(대법원 1999. 9. 21. 선고 99다260855 판결)

다. 위 사안에서 丙이 공동담보로 丙 소유의 y토지에 대하여 공동근저당권을 설정하였고 乙이 위 x토지에 대하여 경매를 신청하였다면 피담보채권 확정은 어떻게 되는가. 위 나항의 丁에 의한 경매에 의하여 y토지에 대한 근저당권은 확정되는가.

乙이 위 경매를 신청하면 y토지에 대하여도 근저당권의 피담보채권이 확정됨(대법원 1989. 11. 28. 선고 89다카15601 판결), 그러나 丁의 경매에 의하여 y토지에 대한 근저당권의 피담보채권은 확정되지 않음(대법원 2006. 10. 27. 선고 2005다14502 판결).

라. 甲은 乙로부터 1억원을 차용하면서 그 담보로 乙에게 甲 소유의 X 부동산과 물상증인 丙 소유의 Y부동산에 관하여 각 1순위의 채권최고액 2억원의 공동근저당권 설정등기를 마쳐주었다. 그 후 甲은 丁에게 위 X 부동산에 관하여 4,000만원을 차용하면서 2순위의 채권최고액 1억원의 근저당권설정등기를 마쳐주었고, 丙은 戊에게 위 Y 부동산에 관하여 5,000만원을 차용하면서 2순위의 채권최고액 1억원의 근저당권설정등기를 마쳐주었다. 乙은 위 Y부동산에 관하여 경매를 실행하여 8,000만원을 배당받았고, 戊는 전혀 배당받지 못하였다. 그 후 乙은 X 부동산에 관하여 다시 경매를 실행하여 8,000만원에 매각되었다. 이 경우 배당은 어떻게 되는가. 위 각 부동산의 경매대가(편의상 시가와 같다) 각 8,000만원원이고 편의상 이자, 지연손해금은 고려하지 않는다.

乙이 만족받지 못한 2,000만원(1억원-8,000만원)을 우선배당받고, 다음으로 戊는 5,000만원을 배당받고, 丁이 1,000만원을 배당받는다

> ※해설 - 공동저당의 목적인 채무자 소유의 부동산과 물상보증인 소유의 부동산에 각각 채권자를 달리하는 후순위저당권이 설정되어 있는 경우, 물상보증인 소유의 부동산에 대하여 먼저 경매가 이루어져 그 경매대금의 교부에 의하여 1번 저당권자가 변제를 받은 때에는 물상보증인은 채무자에 대하여 구상권을 취득함과 동시에, 민법 제481조, 제482조의 규정에 의한 변제자대위에 의하여 채무자 소유의 부동산에 대한 1번저당권을 취득하고, 이러한 경우 물상보증인 소유의 부동산에 대한 후순위저당권자는 물상보증인에게 이전한 1번 저당권으로부터 우선하여 변제를 받을 수 있으며, 물상보증인이 수인인 경우에도 마찬가지라 할 것이므로(이 경우 물상보증인들 사이의 변제자대위의 관계는 민법 제482조 제2항 제4호, 제3호에 의하여 규율될 것이다), 자기 소유의 부동산이 먼저 경매되어 1번 저당권자에게 대위변제를 한 물상보증인은 1번 저당권을 대위취득하고, 그 물상보증인 소유의 부동산의 후순위저당권자는 1번 저당권에 대하여 물상대위를 할 수 있다. - 대법원 1994. 5.10. 선고 93다25417 판결}

■ 명의신탁등기 ■

**[9문]**
甲은 2013. 2. 1. 乙로부터 乙 소유의 x토지를 1억원에 매수하고 친구인 丙에게 명의신탁하여 丙 앞으로 소유권이전등기(서울중앙지방법원 등기국 2013. 2. 10. 접수 제1001호)를 마쳤다. 甲은 위 대금을 완납하였다.

**가.** 甲이 위 토지의 소유권을 취득하기 위한 청구취지는 어떻게 되는가.

1. x토지에 관하여,
   가. 피고 丙은 피고 乙에게 서울중앙지방법원 등기국 2013. 2. 10. 접수 제1001호로 마친 소유권이전등기의 각 말소등기절차를 이행하고,
   나. 피고 乙은 원고 甲에게 2013. 2. 1. 매매를 원인으로 한 소유권이전등기절차를 이행하라
   (해설 - 丙 명의의 등기는 3자간 명의신탁에 의한 것으로 무효이고, 甲은 乙에 대하여 매매에 따른 소유권이전등기청구권 있음. 甲은 乙을 대위하여 丙에게 등기 말소 청구함).

**나.** 甲이 丙의 명의로 乙 소유의 토지를 매수하였고, 乙도 매수인을 丙으로 생각하였고 甲, 丙 사이의 명의신탁 사실을 몰랐으나 丙은 그러한 경우 자신이 소유권을 취득한다는 사실을 알았다면 어떻게 되는가

피고 乙은 원고 甲에게 1억원 및 이에 대하여 2013. 2. 10.부터 이 사건 소장 부본 송달일까지는 연 5%, 그 다음날부터 2016. 9. 30.까지는 연 20%, 그 다음날부터 다 갚는 날까지는 연 12%의 각 비율로 계산한 돈을 지급하라.

※해설 - 계약명의신탁이고 매도인인 乙이 명의신탁을 몰랐으므로 乙과 丙 사이에 매매계약이 유효하게 체결되어 甲은 매수인으로서 권리를 행사할 수 없고, 위 토지의 소유권은 丙에게 귀속한다. 甲은 丙에 대하여 매매대금에 대하여 부당이득반환만 청구할 수 있다. 丙은 악의이므로 민법 제748조 제2항에 의하여 소유권취득일인 2013. 2. 10.부터 법정 이자를 지급하여야 한다. 소장 송달 이후는 지연손해금임-매도인이 악의인 경우에도 계약 당사자는 乙과 丙이고 丙의 소유권이전등기는 무효이므로 매도인은 말소등기 청구 가능, 甲은 丙에게 부당이득청구 가능.

### ■ 전세권설정등기 및 그 말소등기 ■

**[10문]**

甲은 2014. 2. 1. 乙로부터 乙 소유의 x토지 지상 y건물에 관하여 전세금 1억원, 존속기간 2016. 1. 31.까지로 한 전세권설정계약을 체결하고 위 전세금을 지급하였다. 그런데 乙은 전세권설정등기를 마쳐주지 않고 있다.

**가. 전세권설정등기를 위한 甲의 청구취지는 어떻게 되는가.**

피고 乙은 원고 甲에게 x토지 지상 y건물에 관하여 2014. 2. 1. 전세권설정계약을 원인으로 한 전세금 1억원, 존속기간 2016. 1. 31.까지의 전세권설정등기절차를 이행하라.

**나. 가항에서 甲이 전세권설정등기(서울중앙지방법원 등기국 2014. 2. 1. 접수 제1000호)를 마치고 위 건물을 인도받았는데 2015. 2. 1. 위 건물의 소유권이 丙에게 이전되었으며, 위 존속기간이 경과하였으면(법정갱신도 없음) 甲이 전세금을 반환받기 위한 청구취지는 어떻게 되는가(동시이행 항변이 있을 것임을 전제로 함).**

피고 丙은 원고 甲으로부터 x토지 지상 y건물에 관하여 서울중앙지방법원 등기국 2014. 2. 1. 접수 제1000호로 마친 전세권설정등기의 말소등기 절차의 이행 및 위 건물의 인도를 받음과 동시에 원고 甲에게 1억원을 지급하라

※해설 - 전세권이 성립한 후 전세목적물의 소유권이 이전된 경우 민법이 전세권 관계로부터 생기는 상환청구, 소멸청구, 갱신청구, 전세금증감청구, 원상회복, 매수청구 등의 법률관계의 당사자로 규정하고 있는 전세권설정자 또는 소유자는 모두 목적물의 소유권을 취득한 신 소유자로 새길 수밖에 없다고 할 것이므로, 전세권은 전세권자와 목적물의 소유권을 취득한 신 소유자 사이에서 계속 동일한 내용으로 존속하게 된다고 보아야 할 것이고, 따라서 목적물의 신 소유자는 구 소유자와 전세권자 사이에 성립한 전세권의 내용에 따른 권리의무의 직접적인 당사자가 되어 전세권이 소멸하는 때에 전세권자에 대하여 전세권설정자의 지위에서 전세금 반환의무를 부담하게 된다. - 대법원 2006. 5. 11. 선고 2006다6072 판결, 그리고 민법 제317조에 의하여 전세권이 소멸하면 전세금의 반환과 전세권설정등기의 말소 및 인도는 서로 동시이행 관계에 있게 된다)

**다. 위 나.항에서 丙의 청구취지는 어떻게 되는가**

피고 甲은 원고 丙으로부터 1억 원을 지급받음과 동시에 원고 丙에게 x토지 지상 y건물에 관하여 서울중앙지방법원 등기국 2014. 2. 1. 접수 제1000호로 마친 전세권설정등기의 말소등기 절차를 이행하고, 위 건물을 인도하라.

■ 담보 목적 가등기 및 소유권이전등기 말소 ■

[11문]
　甲은 2015. 2. 1. 乙로부터 1억원을 이자 연 10%, 변제기 2015. 12. 31.로 정하여 차용하고 대물변제 예약으로 甲 소유의 X토지(시가 2억원)에 관하여 가등기(서울동부지방법원 2015. 2. 10. 접수 제2000호로 마친 소유권이전청구권 가등기)를 마쳐주었고, 乙은 적법한 정산절차 없이 甲으로부터 받은 서류를 이용하여 위 토지에 관하여 소유권이전등기(같은 법원 2016. 2. 10. 접수 제3000호)를 마쳤다. 甲은 전혀 변제하지 않았다.

가. 甲은 채무를 변제하고서라도 위 가등기 및 소유권이전등기를 말소하고 싶다(乙은 정산을 완료하여 소유권을 취득하였다고 주장하고 있다). 청구취지는 어떻게 되는가.

1. 피고 乙은 원고 甲에게 X토지에 관하여,
　가. 서울동부지방법원 2016. 2. 10. 접수 제3000호로 마친 소유권이전등기의 말소 등기절차를 이행하고,
　나. 원고 甲으로부터 1억 원 및 이에 대하여 2015. 2. 1.부터 다 갚는 날까지 연 10%의 비율에 의한 금원을 지급받은 다음 같은 법원 2015. 2. 10. 접수 제2000호로 마친 소유권이전청구권 가등기의 말소등기절차를 이행하라

※해설 - 시가가 원리금을 초과하므로 위 대물변제 예약에 대하여는 민법 제607조, 제608조와 가등기담보 등에 관한 법률이 적용된다. 가등기담보 등에 관한 법률에 따라 채권자가 가등기 담보권을 실행하여 본등기를 청구하려면 채권의 변제기 후에 청산금의 평가액을 채무자 등에게 통지하여 그 통지가 도달한 날로부터 2개월의 청산기간이 경과하여야 하고 이에 위반된 특약으로서 채무자 등에게 불리한 것은 무효이다(가등기담보 등에 관한 법률 제3조, 제4조). 그런데 피고 乙은 위와 같은 청산을 거치지 않고 위와 같이 소유권이전등기를 마쳤으므로 위 소유권이전등기는 원인무효이다. 원리금을 변제하고 가등기를 말소할 수 있다.

나. 위 사안에서 대여금이 아니라 매매대금이고 담보목적으로 위 가등기 및 본등기를 마쳤다면 가.항의 청구취지는 어떻게 변경되는가(乙은 정산절차를 완료하지 않았다).

　피고 乙은 원고 甲으로부터 1억 원 및 이에 대하여 2015. 2. 1.부터 다 갚는 날까지 연 10%의 비율로 계산한 돈을 지급받은 다음 원고 甲에게 X토지에 관하여 서울동부지방법원 2015. 2.10. 접수 제2000호로 마친 소유권이전청구권 가등기 및 같은 법원 2016. 2. 10. 접수 제3000호로 마친 소유권이전등기 각 말소 등기절차를 이행하라.

※해설 - 가등기 담보법이 아닌 단순한 담보 목적의 가등기 및 양도담보가 성립한다. 즉, "가등기담보 등에 관한 법률이 적용되지 않는 경우에도 채권자가 채권담보의 목적으로 부동산에 가등기를 경료하였다가 그 후 변제기까지 변제를 받지 못하여 위 가등기에 기한 소유권이전의 본등기를 경료한 경우에는, 당사자들 사이에 채무자가 변제기에 피담보채무를 변제하지 아니하면 채권채무관계는 소멸하고 부동산의 소유권이 확정적으로 채권자에게 귀속된다는 명시의 특약이 없는 한, 그 본등기도 채권담보의 목적으로 경료된 것으로서 정산절차를 예정하고 있는 이른바 '약한 의미의 양도담보'가 된다. 그리고 이와 같이 약한 의미의 양도담보가 된 경우에는 채무의 변제기가 도과한 후에도 채권자가 담보권을 실행하여 정산절차를 마치기 전에는 채무자는 언제든지 채무를 변제하고 채권자에게 위 가등기 및 그 가등기에 기한 본등기의 말소를 청구할 수 있다.-대법원 2006. 8. 24. 선고 2005다61140 판결}.

# Ⅳ. 임대차와 부당이득

### ■ 임대차와 부당이득 Ⅰ ■

**[1문]**

甲은 2011. 1. 1. 乙에게 甲 소유의 x건물을 보증금 6,000만원, 월 차임 금 500만원, 기간 2011. 2. 1.부터 2년간으로 정하여 임대하고 2011. 1. 31. 위 건물을 인도하였다. 위 임대차 기간이 종료되었으나 甲과 乙은 아무런 이의제기가 없었다. 甲은 2013. 4. 28. 해지 의사표시를 하여 같은 달. 30. 乙에게 도달하였다. 乙은 2013. 5. 1.부터 위 차임을 지체하고 있다. 2013. 5. 1.부터의 위 건물의 적정 차임은 보증금 6,000만원에, 월 차임 600만원이다(보증금의 이자는 무시한다). 乙은 보증금을 받기 전에는 위 건물을 인도할 수 없다며 동시이행항변을 하였다(할 것으로 예상된다, 참고로 차임연체를 이유로 해지의 사표시는 하지 않았다. 위 건물은 주택이나 상가가 아님). 丙은 차임 및 부당이득을 구하였다(임차보증금에 대한 공제도 주장하였다).

**가.** 이 경우 2014. 5. 1.을 기준으로 인도 및 부당이득을 구하는 청구취지는 어떻게 되는가(乙은 위 건물을 원래의 용도대로 사용하고 있다).

피고 乙은 원고 甲에게 x건물을 인도하고, 2014. 4. 1.부터 위 건물의 인도일까지 월 6,000,000원의 비율로 계산한 돈을 지급하라.

(해설 – 묵시의 갱신시 임대인의 해지는 6월, 임차인의 해지는 1월이 지나면 효력 발생. 그러므로 이 사건의 경우 해지 도달일로부터 6월이 지난 2013. 11. 1.부터는 적정 차임인 월 600만원의 부당이득을 공제하여야 함. 그러므로 2014. 3. 31. 보증금 6,000만원은 모두 공제됨)

**나.** 위 사안에서 보증금이 2억원인 경우 위 가.항의 청구취지는 어떻게 변경 되는가.

피고 乙은 원고 甲으로부터 134,000,000원에서 2014. 5. 1.부터 x건물의 인도일까지 월 6,000,000원의 비율로 계산한 금액을 공제한 나머지 돈을 지급받음과 동시에 원고에게 위 건물을 인도하라.

(해설 – 2014. 4. 30.까지 6,600만원이 공제되므로 남는 금액은 134,000,000원임)

**다.** 위 나.항 사안에서 乙이 甲에 대한 보증금 반환채권을 丙에게 양도하고 내용증명 우편으로 통지하여 2011. 3. 31. 甲에게 도달하였다. 丙이 乙을 상대로 위 인도청구를 한다면 위 나.의 청구취지는 어떻게 되는가(청구권원은 어떻게 되는가).

피고 乙은 소외 甲(주소)에게 x건물을 인도하라.(해설 – 丙은 甲에 대한 임대차보증금 반환 채권을 피보전채권으로 하여 甲을 대위하여 乙에게 임대차해지를 원인으로 한 인도청구, 甲의 무자력은 요구되지 않음, 피고인 乙은 동시이행항변을 못함, 丙은 甲을 대위하여 임대차를 해지할 수 있음)

라. (1) 위 나.항에서 乙이 원고가 되어 甲을 상대로 임대차보증금반환청구를 하고, 甲이 동시이행, 공제항변을 한다면(할 것으로 예상된다면) 청구취지는 어떻게 되는가. (2) 그리고 위 나.항에서 위 다.항의 丙이 원고가 되어 甲을 상대로 임대차보증금반환청구를 하고 甲이 동시이행, 공제항변을 한다면(할 것으로 예상된다면) 청구취지는 어떻게 되는가.

(1) 乙이 원고인 경우 : 피고 甲은 원고 乙로부터 x건물을 인도받음과 동시에 원고 乙에게 134,000,000원에서 2014. 5. 1.부터 x건물의 인도일까지 월 6,000,000원의 비율로 계산한 금액을 공제한 나머지 돈을 지급하라.

(2) 丙이 원고인 경우 : 피고 甲은 소외 乙(주소)로부터 x건물을 인도받음과 동시에 원고 丙에게 134,000,000원에서 2014. 5. 1.부터 x건물의 인도일까지 월 6,000,000원의 비율로 계산한 금액을 공제한 나머지 돈을 지급하라.

마. 위 나.항에서 乙이 2014. 4. 30. 위 건물에 대하여 문을 잠그고 원래의 용도대로 사용, 수익하지 않으면 위 나.항의 청구취지는 어떻게 되는가.

피고 乙은 원고 甲으로부터 금 134,000,000원을 지급받음과 동시에 원고 甲에게 x건물을 인도하라.
(해설 – 문을 잠그고 실제로 사용, 수익하지 않으면 부당이득 반환 책임을 지지 않음. 그리고 동시이행 항변권이 있으므로 불법행위나 채무불이행책임도 지지 않음. 임대차계약이 종료된 2013. 10. 1.부터 문을 잠근 2014. 4. 30.까지는 동시이행항변권이 있으므로 불법행위나 채무불이행 책임은 없으나 실제로 사용, 수익하였으므로 부당이득 반환 책임은 있음)

바. 위 마.항에서 보증금이 위 사안과 같이 6,000만원이라면 위 가.항의 청구취지는 어떻게 되는가.

위 가.항과 동일(동시이행항변권이 상실된 2014. 4. 1.부터 2014. 4. 30.까지는 부당이득, 불법행위, 채무불이행이 경합하여 적용, 그 이후는 실제 사용, 수익하지 않아 부당이득반환 책임은 없으나 동시이행 항변권이 없어 불법행위나 채무불이행이 되어 월 600만원씩의 손해를 배상하여야 함)

## ■ 임대차와 부당이득 II ■

**[2문]**

甲은 2013. 1. 1. 乙에게 甲 소유의 x토지를 임대차보증금 1,000만원, 월 차임 금 200만원, 기간 2013. 2. 1.부터 2년간으로 정하여 임대하고(乙은 건물소유 목적으로 임차) 乙은 2013. 2. 1. 위 토지를 인도받아 같은 날 위 x토지 위에 무허가로 y건물을 건립하여 월 차임 금 300만원에 丙에게 임대하였다. 乙은 위 차임을 전혀 지급하지 않았다. 甲은 2013. 5. 1. 乙에 대하여 2회 이상 차임 연체를 이유로 위 임대차를 해지하여 같은 날 해지 의사표시가 乙에게 도달되었다. 甲은 위 토지를 원래대로 되돌려 받고 밀린 차임과 차임 상당의 부당이득을 받고 싶다(위 토지의 적정 차임은 200만원이다). 乙은 위 건물에 대한 지상물매수청구를 하였고(당시 위 건물의 시가는 2,000만원이다).

가. 乙과 丙의 임대차는 존속하고 있고 계속 丙이 이 건물을 원래 용도대로 사용할 예정이다. 甲이 2013. 8. 1. 소를 제기하였을 때 법률상 허용되는 甲의 청구취지를 작성하시오(임대차보증금은 공제하고, 이자 내지 지연손해금 청구는 제외).

1. 원고 甲에게,
가. 피고 丙은 x토지 지상 y건물에서 퇴거하고,
나. 1) 피고 乙은 위 건물을 철거하고, 위 토지를 인도하고,
   2) 피고 乙은 2013. 7. 1.부터 위 토지의 인도완료일까지 월 2,000,000원의 비율로 계산한 돈을 지급하라.

(※해설 - 3개월간 밀린 차임 600만원과 2개월간 부당이득 400만으로 보증금 1,000만원 전부 공제, 지상물매수청구는 허용되지 않음)

나. 위 [2문]에서 乙이 차임을 연체하지 않았고 임대차 기간이 만료되었으며, 甲이 乙의 갱신청구를 거절하여 乙이 2015. 3. 10. 지상물매수청구를 하였고, 乙이 위 임대차종료 이후에는 위 건물을 사용, 수익하지 않고 있으며, 차임 상당의 부당이득을 지급하지 않고 있다. 이에 대하여 적법하게 甲이 乙에 대하여 청구를 하고 乙이 동시이행 항변을 할 것으로 예상된다면 甲이 전부승소하기 위한 청구취지는 어떻게 되는가.

피고 乙은 원고 甲에게,
(가) 원고 甲으로부터 2,000만원을 지급받음과 동시에 x토지 지상 y건물에 관하여 2015. 3. 10. 매매를 원인으로 한 소유권이전등기절차를 이행하고, 위 건물을 인도하고,
(나) 위 토지를 인도하고, 2015. 7. 1.부터 위 토지의 인도완료일까지 월 2,000,000원의 비율로 계산한 돈을 지급하라.

(※해설 - 지상물매수청구 인정됨, 건물을 사용, 수익하지 않아도 대지에 대하여 부당이득 성립, 5개월의 부당이득으로 1,000만원 보증금 전부 공제)

다. 위 나.항에서 임대차가 묵시적으로 갱신되었다가 甲이 2015. 3. 30. 임대차 해지 통고를 하여 같은 달 31. 乙에게 도달하였고 乙이 2015. 6. 30. 지상물매수청구를 하였으며, 위 보증금이 1억원이라면 청구취지는 어떻게 되는가(소제기일은 2015. 3. 31.)

1. 피고 乙은 2015. 10. 1.이 도래하면 원고 甲에게,
    가. 원고 甲으로부터 2,000만원을 지급받음과 동시에 x토지 지상 y건물에 관하여 2015. 6. 30. 매매를 원인으로 한 소유권이전등기절차를 이행하고, 위 건물을 인도하고,
    나. 원고 甲으로부터 1억원에서 2015. 2. 1.부터 위 토지의 인도완료일까지 월 2,000,000원의 비율로 계산한 금액을 공제한 나머지 돈을 지급받음과 동시에 위 토지를 인도하라.

(※해설 – 위 임대차는 해지 통고 도달일로부터 6개월 이 지난 2015. 9. 30.이 경과함으로써 종료함. 해지 통고인 경우 갱신청구를 할 수 없으므로 종료 이전이라도 지상물매수청구 인정됨. 부당이득으로 보증금 전부 공제할 수 없음. 장래이행 청구임)

라. 甲은 2014. 2. 1. 아무런 권원 없이 乙과 丙의 공유(각 1/2지분)의 x토지 위에 y건물을 건축하여 2014. 2. 1. 丁에게 위 건물을 임대차보증금 없이 월 차임 200만원, 임대차 기간 2014. 12. 31.로 정하여 임대하였다. 위 임대차는 기간만료로 종료되었다. 甲은 丁으로부터 차임은 지급받았으나 그 외 부당이득 등은 지급받지 못하였다. 乙과 丙 역시 甲과 丁으로부터 전혀 부당이득 등을 지급받지 못하였다. 위 임대차 종료이후에도 丁이 원래 용도대로 위 건물을 점유, 사용하고 있다. 2014. 2. 1.부터 2015. 10. 1. 현재에 이르기까지 위 토지의 적정 차임은 월 200만원, 건물(토지를 제외한)의 적정 차임은 월 100만원이다. 이는 앞으로도 변동이 없을 것으로 예상된다.

위와 같은 상황에서,

(1) 乙의 甲과 丁에 대한 청구취지를 작성하시오

1. 원고 乙에게,
    가. 피고 丁은 x토지 지상 y건물에서 퇴거하고,
    나. 피고 甲은 위 토지를 인도하고, 2014. 2. 1.부터 위 토지 인도완료일까지 월 100만원의 비율에 금원을 지급하라.

(2) 甲의 丁에 대한 청구취지를 작성하시오(각 이자 및 지연손해금 제외).

피고 丁은 원고 甲에게 x토지 지상 y건물을 인도하고, 2015. 1. 1.부터 위 건물 인도완료일까지 월 300만원의 비율에 의한 금원을 지급하라.

(※해설 – 원고 乙은 공유물보존행위로 청구, 지분 상당인 100만원 부당이득 청구, 피고 丁은 乙에게 부당이득 책임 없음, 피고 丁은 甲에게 토지 및 건물의 차임 합계 300만원 부당이득).

### ■ 임대차와 부당이득 Ⅲ ■

**[3문]**

甲과 乙이 x토지를 각각 1/2 지분씩 공유하고 있다(2013. 2. 1. 공유 지분에 의한 소유권이전등기를 마침). 위 토지는 방치되어 있었는데 乙이 2015. 2. 1. 甲의 동의 없이 위 토지 전체를 丙에게 임대하였고, 丙은 2015. 2. 1. 위 토지에 y건물을 신축하여 같은 날 丁에게 임대하여 그 이후로 丁이 위 건물을 점유하고 있다. 위 토지 전체가 위 건물의 사용을 위한 부지이다. 丙과 丁은 2015. 5. 1. 乙이 공유자이고 甲이 동의 없이 위와 같이 임대한 것을 알았다. 甲은 2016. 4. 30. 乙, 丙, 丁에 대하여 소송을 제기하였다. 위 토지의 적정 차임은 2015. 1.부터 보증금 없이 월 200만 원이고 그 이후도 변함이 없는 것으로 전제한다.

甲이 승소할 수 있는 사람들을 상대로 전부 승소하기 위한 각 청구취지를 작성하고(단, 乙에 대하여는 현재 이행의 소만 청구하고, 금전청구에 대하여는 2016. 4. 30.까지 발생한 부분에 대하여는 지연손해금도 청구한다 그 외 법정이자, 지연손해금은 제외), 간단히 근거를 들어 설명하시오).

1. 원고 甲에게,
  가. 피고 丁은 x토지 지상 y건물에서 퇴거하고,
  나. 피고 丙은 위 건물을 철거하고, 위 토지를 인도하고,
  다. 1) 피고 乙과 丙은 각자 1,200만 원, 피고 乙은 300만 원 및 위 각 금원에 대하여 이 사건 소장 부본 송달일 다음날부터 2016. 9. 30.까지는 연 20%, 그 다음날부터 완제일까지는 연 15%의 각 비율에 의한 금원을 각 지급하고,
  2) 피고 丙은 2016. 5. 1.부터 위 부동산의 인도 완료일까지 월 100만 원의 비율에 의한 금원을 지급하라.

{근거: 乙의 지분은 과반수가 아닌 1/2 지분이므로 乙의 위 점유와 乙로부터 임차한 丙의 점유는 甲에 대하여 적법한 권원이 되지 못하므로 甲은 공유물 보존행위로 丙에 대하여 인도, 丁에 대하여 퇴거, 乙, 丙에 대하여 부당이득(단, 지분 범위 내), 간접점유자 乙과 직접점유자 丙은 부진정연대 채무, 丁은 철거, 인도, 부당이득 의무 없음, 丙은 선의시까지는 과실수취권이 있어 악의 시점인 2015. 5. 1.부터 부당이득, 그러나 乙은 점유시인 2015. 2. 1.부터 부당이득, 2016. 4. 30.까지 발생한 부당이득 중 甲의 지분 상당의 부당이득은 乙은 1,500만원, 丙은 1,200만원}.

# V. 사해행위취소의 소

## ▪ 사해행위취소의 소 ▪

甲은 2013. 1. 1. 乙에게 2억원을 이자 연 10%, 변제기 2013. 12. 31., 지연손해금 월 1.5%로 정하여 대여하였다. 그런데 乙은 위 채무를 전혀 이행하지 않았다. 乙의 유일한 재산으로 x부동산(아파트, 시가 3억)이 있다. 그런데 위 아파트에 丙의 1순위 근저당권(2013. 3. 1. 설정 채권최고액 1억5천만원)과 丁의 2순위 근저당권(2013. 4. 1. 설정 채권최고액 1억)이 있었다. 그리고 戊가 乙에 대한 2억원의 대여금 원리금 채권을 피보전권리로 하여 위 아파트에 대하여 금 2억원을 청구채권으로 한 가압류기입등기를 마쳤다. 그런데 乙은 2014. 2. 1. 위 아파트를 친구인 己에게 금 2억원에 매도하였다. 그런데 己는 2014. 3. 1. 丙에게 그때까지의 피담보채무 1억원을 변제하고 위 1순위 근저당권을 말소하였다(丙과 丁의 피담보채권은 2014. 2. 1.과 2014. 3. 1.에 변동이 없었다). 2014. 4. 1. 기준으로 丁의 실제 채권은 5천만원이다(2014. 2. 1.도 동일). 그리고 위 아파트의 시가는 변동이 없다(이 사건 소 제기 이후의 이 사건 변론종결 당시에도 위 시가 및 丁의 채권은 별다른 변동이 없을 것으로 보임).

가. 2014. 4. 1.을 기준으로 甲이 乙의 책임재산을 보전할 소장을 작성할 경우 청구취지는 어떻게 되는가, 乙이 피고가 될 수 있는가(乙이 자력이 없어 乙에 대한 대여금 청구는 하지 않음).

1. 피고 己와 소외 乙(주민등록번호, 주소) 사이에 x부동산에 관하여 2014. 2. 1. 체결된 매매계약을 150,000,000원의 한도 내에서 취소한다.
2. 피고 己는 원고 甲에게 150,000,000원 및 이에 대한 이 판결확정일 다음날부터 다 갚는 날까지 연 5%의 비율에 의한 금원을 지급하라.(가집행선고는 붙일 수 없음).

※해설 – 가액배상에 의한 취소권 및 원상회복 범위는 목적물의 공동담보 가액(저당권 등 우선권이 확보되어 있지 않은 가액)과 취소채권자의 피보전채권(이자, 지연손해금 포함) 중 적은 금액 한도임. 그러므로 시가 3억에서 말소된 저당권의 피담보채무 1억 및 말소되지 않은 저당권의 실제피담보채무(채권최고액 아님) 5,000만원 공제. 가압류 채권은 우선권이 없으므로 공제대상이 아님. 그런데 피보전채권액은 아래에서 보는 바와 같이 2014. 3. 31. 기준으로 229,000,000원으로 목적물의 공동담보 가액 1억 5천만원을 초과함. 채무자인 乙은 피고가 될 수 없으나 乙에 대하여 대여금 청구를 하면 피고가 됨

나. 위 사안에서 위 부동산의 시가가 5억원이라고 하면 위 가.의 청구취지는 어떻게 되는가(2014. 3. 31.을 기준으로 함, 소송 진행 중 변론종결 무렵에 청구취지를 변경할 예정임)

위 150,000,000원을 229,000,000원으로 변경(이하 같음)[해설- 2014. 3. 31. 현재 피보전채권

은 원금 2억원에 이자 2,000만원, 지연손해금 1,200만원(월 지연손해금 400만원x3개월)을 합한 232,000,000원으로 위 시가 5억원에서 위 1억 5,000만원을 공제한 공동담보 3억 5천만원보다 적다. 나머지 위 가.항 참조]

다. 위 사안에서 근가 경에게 위 아파트를 매도하였고, 위 각 근저당권과 가압류기입등기가 없었다면 청구취지는 어떻게 되는가(기는 서울동부지방법원 강동등기소 2014. 2. 1. 접수 제1000호, 경은 2014. 3.1. 접수 제2000호).

1. 피고 근와 소외 乙(주민등록번호, 주소) 사이에 x부동산에 관하여 2014. 2. 1. 체결된 매매계약을 취소한다.
2. 위 소외 乙에게 x부동산에 관하여,
    가. 피고 근는 서울동부지방법원 강동등기소 2014. 2. 1. 접수 제1000호로 마친 소유권이전등기의,
    나. 피고 庚은 같은 등기소 2014. 3. 1. 접수 제2000호로 마친 소유권이전등기의
각 말소등기절차를 이행하라.

(※해설 - 전득자인 경의 경우에도 취소의 대상은 乙과 근의 매매계약임. 근와 경의 매매 매매계약은 취소의 대상이 아님)

또는 '위 2항'을 '피고 庚은 소외 乙에게 위 부동산에 관하여 진정명의회복을 원인으로 한 소유권이전등기절차를 이행하라'로 변경할 수 있다(대법원 2000. 2. 25. 선고 99다53704 판결, 참고로 수익자가 선의이고 전득자의 악의인 경우에도 진정명의회복에 의한 등기를 이용할 수 있다).

라. 위 다. 사안에서 피고 庚이 근저당권자이고 선의이면 청구취지는 어떻게 되는가(원물반환 형식임을 전제로 함

피고 근는 소외 乙에게 위 부동산에 관하여 진정명의회복을 원인으로 한 소유권이전등기절차를 이행하라

※해설 - 가액반환을 구할 수도 있고, 피고 근의 소유권이전등기 말소를 구할 수도 있으나 집행에 어려움이 있으므로 진정명의회복을 원인으로 한 이전등기를 구하는 것임(수익자인 피고 근의 자력이 충분하지 않은 경우 그 실효성이 있을 수도 있음)-대법원 2001. 2. 9. 선고 2000다57139 판결(채권자의 사해행위취소 및 원상회복청구가 인정되면, 수익자는 원상회복으로서 사해행위의 목적물을 채무자에게 반환할 의무를 지게 되고, 만일 원물반환이 불가능하거나 현저히 곤란한 경우에는 원상회복의무의 이행으로서 사해행위 목적물의 가액 상당을 배상하여야 하는바, 여기에서 원물반환이 불가능하거나 현저히 곤란한 경우라 함은 원물반환이 단순히 절대적, 물리적으로 불능인 경우가 아니라 사회생활상의 경험법칙 또는 거래상의 관념에 비추어 그 이행의 실현을 기대할 수 없는 경우를 말하는 것이므로, 사해행위 후 그 목적물에 관하여 제3자가 저당권이나 지상권 등의 권리를 취득한 경우에는 수익자가 목적물을 저당권 등의 제한이 없는 상태로 회복하여 이전하여 줄 수 있다는 등의 특별한 사정이 없는 한 채권자는 수익자를 상대로 원물반환 대신 그 가액 상당의 배상을 구할 수도 있다고 할 것이나, 그렇다고 하여 채권자가 스스로 위험이나 불이익을 감수하면서 원물반환을 구하는 것까지 허용되지 아니하는 것으로 볼 것은 아니고, 그 경우 채권자는 원상회복 방법으로 가액배상 대신

수익자 명의의 등기의 말소를 구하거나 수익자를 상대로 채무자 앞으로 직접 소유권이전등기 절차를 이행할 것을 구할 수 있다.

마. 위 사안에서 乙에 대한 다른 채권자 A가 2억원의 대여금 채권으로 사안과 같은 사해행위 취소의 소를 제기하였다면

　(1) 가.항의 청구취지는 변경되는가

　(2) 나.항의 청구취지는 변경되는가

(1), (2) 가.항과 나.항의 청구취지는 변경되지 않는다

(※해설 - 채권자취소권의 요건을 갖춘 각 채권자는 고유의 권리로서 채무자의 재산처분 행위를 취소하고 그 원상회복을 구할 수 있으므로 여러 명의 채권자가 사해행위취소 및 원상회복 청구의 소를 제기하여 여러 개의 소송이 계속중인 경우에는 각 소송에서 채권자의 청구에 따라 사해행위의 취소 및 원상회복을 명하는 판결을 선고하여야 하고, 수익자 또는 전득자가 가액배상을 하여야 할 경우에도 수익자 등이 반환하여야 할 가액을 채권자의 채권액에 비례하여 채권자별로 안분한 범위 내에서 반환을 명할 것이 아니라, 수익자 등이 반환하여야 할 가액 범위 내에서 각 채권자의 피보전채권액 전액의 반환을 명하여야 한다. 이와 같은 법리는 여러 명의 채권자들이 제기한 각 사해행위취소 및 원상회복청구의 소가 민사소송법 제141조에 의하여 병합되어 하나의 소송절차에서 심판을 받는 경우에도 마찬가지이다.-대법원 2008. 6. 12. 선고 2008다8690 판결)

　(3) 甲과 A가 공동원고이면 나.항 청구취지는 어떻게 변경되는가(참고로 A의 피보전채권액은 2억원임을 전제).

1. 원고들과 피고 근 사이에서, 피고 근와 소외 乙(주민등록번호, 주소) 사이에 x부동산에 관하여 2014. 2. 1. 체결된 매매계약을 원고 甲과 피고 근 사이에서는 229,000,000원, 원고 A와 피고 근 사이에서는 200,000,000원의 각 한도 내에서 각 취소한다.
2. 피고 근는 원고 甲에게 229,000,000원, 원고 A에게 200,000,000억 원 및 각 이에 대한 이 판결확정일 다음날부터 다 갚는 날까지 연 5%의 비율로 계산한 돈을 각 지급하라.
　(위 2008다8690 판결)

바. 위 사안에서 乙이 피고 근뿐 아니라 B에게 乙 소유의 Y 부동산(근저당권 등 공제를 제외한 시가 5억원)을 동시에 매각하여 모두 사해행위가 되고, 甲이 근와 B를 공동피고로 하여 가액배상으로 사해행위 취소의 소를 제기한 경우 나.항의 청구취지는 어떻게 변경되는가.

1. 피고 근와 소외 乙(주민등록번호, 주소) 사이에 x부동산에 관하여 2014. 2. 1. 체결된 매매계약과 피고 B와 소외 乙(주민등록번호, 주소) 사이에 y부동산에 관하여 2014. 2. 1. 체결된 매매계약을 각 229,000,00원의 한도 내에서 취소한다.
2. 피고 근와 피고 B는 각자 원고 甲에게 229,000,000원 및 이에 대한 이 판결확정일 다음날부터 다 갚는 날까지 연 5%의 비율로 계산한 돈을 지급하라.

※해설 - 채권자가 어느 수익자(전득자 포함)에 대하여 사해행위취소 및 원상회복청구를 하여

> 승소판결을 받아 그 판결이 확정되었다 하더라도 그에 기하여 재산이나 가액의 회복을 마치지 아니한 이상 채권자는 자신의 피보전채권에 기하여 다른 수익자에 대하여 별도로 사해행위취소 및 원상회복청구를 할 수 있고, 채권자가 여러 수익자를 상대로 사해행위취소 및 원상회복청구의 소를 제기하여 여러 개의 소송이 계속중인 경우에는 각 소송에서 채권자의 청구에 따라 사해행위의 취소 및 원상회복을 명하는 판결을 선고하여야 하며, 수익자가 가액배상을 하여야 할 경우에도 다른 소송의 결과를 참작할 필요 없이 수익자가 반환하여야 할 가액 범위 내에서 채권자의 피보전채권 전액의 반환을 명하여야 한다. 그리고 이러한 법리는 채무자가 동시에 여러 부동산을 수인의 수익자들에게 처분한 결과 채무초과 상태가 됨으로써 그와 같은 각각의 처분행위가 모두 사해행위로 되고, 채권자가 그 수익자들을 공동피고로 하여 사해행위취소 및 원상회복을 구하여 각 수익자들이 부담하는 원상회복의무의 대상이 되는 책임재산의 가액을 합산한 금액이 채권자의 피보전채권액을 초과하는 경우에도 마찬가지이다.- 대법원 2008. 11. 13. 선고 2006다1442 판결

사. 위 다. 사안에서 乙과 己의 매매계약이 통정허위표시일 가능성이 높은 경우, 庚의 선의, 악의 여부에 관한 입증책임과 관련하여 甲은 어떤 형태의 소를 제기할 수 있는가. 甲이 2014. 2. 10. 위 돈을 변제기 2014. 2. 28.로 대여였다면(나머지는 동일) 어떻게 되는가.

통정허위표시에 의한 매매계약도 사해행위 취소가 되고, 己와 庚의 악의도 추정되므로 채권자취소권의 소 제기가 입증면에서 편리함.

그렇지 않고 甲은 위 매매의 통정허위표시를 입증하여 매매무효를 주장하며 己에 대하여 乙을 대위하여 소유권이전등기의 말소등기절차 이행을 구하고, 庚의 악의를 입증하여 庚에 대하여도 위 등기의 말소등기절차 이행을 구할 수 있음.

甲의 대여 일시가 2014. 2. 10.이면 사해행위 이전에 채권이 발생하지 않아 채권자취소권의 소를 제기할 수 없고 채권자대위권에 기한 소유권이전등기의 말소등기절차 이행을 구할 수 있음.

# Ⅵ. 확인의 소

■ 채무부존재확인의 소 Ⅰ ■

**[1문]**
甲은 2013. 1. 1. 乙로부터 금 1억원을 이자 연 10%, 변제기 2013. 12. 31.로 정하여 차용하였고, 위 변제기에 위 전액을 변제하였다. 그런데 乙이 甲에게 위 변제사실을 부인하며 위 대여금 지급을 구하려고 한다.

가. 이 경우 청구취지는 어떻게 되는가.

원고 甲의 피고 乙에 대한 2013. 1. 1. 금전소비대차계약에 기한 채무는 존재하지 아니함을 확인한다.

나. 위 사안에서 사실은 A가 甲을 대리할 권한이 없이 甲을 대리하여 乙로부터 위 금원을 차용하였고, 차용증에 甲 대리인 A라고 기재하고 甲의 인장을 위조하여 날인하였다면 甲의 청구취지는 어떻게 되는가.

청구취지는 가.항과 동일하다.

다. 위 가.항과 나.항에서 입증책임은 어떻게 되는가.

위 가.항의 경우는 甲이 변제사실을, 나.항의 경우에는 乙이 A의 대리권 존재사실을 입증하여야 함.

라. 위 사안의 경우 甲이 2013. 12. 31. 乙에게 1억원을 변제하였다면(충당에 관하여는 아무런 말이 없었다) 청구취지는 어떻게 되는가.

원고 甲의 피고 乙에 대한 2013. 1. 1. 금전소비대차계약에 기한 채무는 10,000,000원 및 이에 대한 2014. 1. 1.부터 다 갚는 날까지 연 10%의 비율에 금원을 초과하여서는 존재하지 아니함을 확인한다.

※해설 – 변제금 1억원을 1년 이자 1,000만원에 먼저 충당하고 나머지 9,000만원을 원금에 충당하면 원금 1,000만원 및 2014. 1. 1.부터 연 10%의 비율에 의한 지연손해금이 남게 된다.

■ 채무부존재확인의 소 II ■

**[2문]**

甲은 乙에 대하여 1억원 채권(확정판결 있음)이 있고 乙은 무자력이다. 乙의 부(父) 丙은 x토지를 사정(査定)받았으나 토지대장이 미복구 되어 현재 미등기이다. 乙의 丙의 위 토지를 단독상속하였다. 甲은 乙에 대한 채권집행을 위하여 누구를 상대로 어떤 소송을 제기하여야 하는지 그 청구취지를 작성하시오.

원고 甲과 피고 대한민국 사이에 x토지는 소외 乙(주민등록번호, 주소)의 소유임을 확인한다

(※해설 – 원고와 피고가 각각 1이면 '원고 甲과 피고 대한민국 사이에' 부분은 삭제함. 채권자대위에 의한 소유권확인임. 이 판결로 위 토지에 관하여 乙 명의로 소유권보존등기를 마치고 甲은 위 토지에 관하여 강제집행할 수 있음).


■ 채무부존재확인의 소 III ■

**[3문]**

X토지에 관하여 1990. 2. 1. 甲 명의로 소유권이전등기가 마쳐졌다. 1995. 2. 1. 乙이 관계서류를 위조하여 乙 앞으로 소유권이전등기를 마쳤다. 丙은 2000. 2. 1. 乙로부터 위 위 토지를 매수하여 2000. 3. 2. 소유권이전등기 및 인도를 마쳤다. 丙은 乙이 무권리자임을 전혀 모르고 등기만 믿고 위와 같이 매수한 것이다. 丙은 2016. 2. 1.현재까지 위 토지를 점유하고 있다. 甲이 丙을 상대로 소유권이전등기의 말소를 구하고 있다(소는 제기하지 않았다). 丙이 甲보다 먼저 甲을 상대로 어떤 소송을 제기할 수 있는가. 그 청구취지 및 입증책임은 어떻게 되는가.

X토지는 원고 丙의 소유임을 확인한다(해설-등기부취득시효) 입증책임: 丙은 소유권이전등기의 추정력에 의하여 위 토지의 소유권을 주장하고, 甲이 乙의 위조(무권리 사실)을 주장, 입증하면 등기부취득시효를 주장, 입증하면 된다(소장을 작성할 때에는 처음부터 등기부취득시효를 주장한다).

# Ⅶ. 압류 및 추심명령, 전부명령 등

### ■ 압류 및 추심명령, 전부명령 등 ■

甲은 2015. 2. 1. 乙에게 1억원을 이자 월 1%, 변제기 2015. 12. 31.로 정하여 대여하였다. 丙이 甲에 대한 확정판결(3,000만원)을 받아 甲의 乙에 대한 위 대여금 채권 중 원금 3,000만원의 채권에 관하여 압류 및 추심명령을 받아 위 명령은 2015. 5. 31. 乙에게 송달되었으나 甲에게는 송달불능되었다. 한편 丁이 甲에 대한 확정판결(2,000만원)을 받아 甲의 乙에 대한 위 대여금 채권 중 원금 2,000만원의 채권에 관하여 압류 및 전부명령을 받아 위 명령은 2015. 6. 30. 각 甲과 乙에 송달되어 그 무렵 확정되었다. 甲의 채권자 丁이 위 甲의 乙에 대한 원금 채권 3,000만원에 대하여 채권가압류 결정을 받아 2015. 8. 31. 乙에게 송달되었다.

**甲이 乙에게 청구할 수 있는 청구취지를 작성하시오.**

피고 乙은 원고 甲에게 5,470만원 및 그 중 5,000만원에 대하여 2015. 7. 1.부터 다 갚는 날까지 월 1%의 비율로 계산한 돈을 지급하라.

※해설 – 추심명령의 경우 채무자인 위 甲은 관리권을 상실하여 당사자적격이 없고, 전부명령의 경우 채권이 이전됨. 추심명령과 전부명령은 제3채무자에 송달시에 효력이 발생하고, 추심명령의 경우 채무자에 송달이 없어도 효력 발생하고, 전부명령은 확정되어야 제3채무자에 대한 송달시로 소급함. 그리고 압류의 효력은 종된 권리인 이자 및 지연손해금에도 미침. 그러므로 추심명령 송달시인 2015. 5. 31. 당시 이자는 400만원이고, 이를 제외한 7,000만원(1억원-3,000만원)에 대한 전부명령의 송달시인 2015. 6. 30. 당시 1달 이자는 70만원(7,000만원×0.01)이므로 이자 합계는 470만원이고 원금은 5,000만원(1억-3,000만원-2,000만원)이 남는다(채권가압류는 소 제기에 영향이 없음). 그리고 원금에 대하여 전부명령의 제3채무자에 대한 송달 다음날인 2015. 7. 1.부터 이자 및 지연손해금 청구할 수 있다.

# High-End
## 민사기록형

| | |
|---|---|
| 초판발행 | 2025년 10월 02일 |

| | |
|---|---|
| 지은이 | 박지훈 |
| 디자인 | 이나영 |
| 발행처 | 주식회사 필통북스 |
| 등 록 | 제2019-000085호 |
| 주 소 | 서울특별시 관악구 신림로59길 23, 1201호(신림동) |
| 전 화 | 1544-1967 |
| 팩 스 | 02-6499-0839 |
| homepage | http://www.feeltongbooks.com/ |
| ISBN | 979-11-6792-243-4 [13360] |

## 정가 10,000

| 이 책은 저자와의 협의 하에 인지를 생략합니다.
| 이 책은 저작권법에 의해 보호를 받는 저작물이므로 주식회사 필통북스의 허락 없는 무단전제 및 복제를 금합니다.